AF261649

LES ŒUFS A CASSER

DE PRÉFÉRENCE

POUR SERVIR A L'OGRE ALLEMAND

SON

OMELETTE DE CINQ MILLIARDS

PAR

A. HODIEU

Ancien second Avocat de la ville de Lyon, ancien membre
de son Conseil municipal

Prix : **40** centimes

EN VENTE

CHEZ LES PRINCIPAUX LIBRAIRES DE LYON

1871

LES ŒUFS A CASSER

DE PRÉFÉRENCE

POUR SERVIR A L'OGRE ALLEMAND

SON

OMELETTE DE CINQ MILLIARDS

On ne peut faire une omelette sans casser des œufs.

Ce proverbe aussi vieux que populaire n'a jamais été plus vrai qu'aujourd'hui, en l'an de disgrâce 1871. Et quand il faut qu'elle coûte cinq milliards, quelle prodigieuse quantité d'œufs n'absorbera-t-elle pas? Où, grand Dieu, pourra-t-on les recueillir promptement et en nombre suffisant pour les jeter dans la poêle allemande?

Cessons de parler par figures. — Le titre ci-dessus, trop familier, que nous avons pris la liberté de choisir, n'est qu'une amorce, nous le confessons. Occupons-nous sérieusement de la triste réalité, de la question urgente et lugubre qui pèse sur nous de tout son poids. L'intérêt énorme de la France à se libérer de sa monstrueuse rançon accable les cœurs, fait travailler tous les esprits ; par-dessus tout, elle est digne des méditations de tout bon citoyen. Les lecteurs graves, amis de leur pays voudront bien lire les quelques pages que le sentiment du devoir nous a décidé, après des hésitations que l'on comprendra, à rendre publiques. (1)

---

(1) L'auteur de cet Essai aurait désiré le publier *in extenso* dans un journal, et, de préférence, dans le *Courrier de Lyon,* où sont admises de temps en temps, signées de lui, les réflexions qu'il juge utiles et opportunes, surtout pour tout ce qui touche à l'ordre, à l'obéissance aux lois, aux vraies libertés.

Mais les dimensions de ce travail, quoique resserrées, sont encore

Nous serait-il permis d'espérer qu'il pourra nous arriver l'honneur d'être lu par des membres de l'Assemblée nationale, principalement par ceux du Rhône et des départements voisins, attachés à Lyon par la naissance, le domicile, la famille ou les intérêts. Des financiers ou économistes nous consacreront peut-être une ou deux heures de leurs loisirs et de leurs réflexions.. Peut-être enfin les uns ou les autres, croiront-ils utile de signaler cet essai aux commissions financières de l'Assemblée, et au gouvernement lui-même.

trop considérables pour songer à une reproduction complète dans un journal quotidien quelconque.

Il a donc été contraint de recourir à une publication spéciale. Si des journaux, soit de Lyon, soit de Paris ou de la province citent ce travail, même par extraits, il le verra avec plaisir ; quant à la critique, il s'y attend, même un peu de tous les côtés, de droite comme de gauche, de haut comme de bas, d'ici comme de là; il écrit, c'est son lot. Ce qu'il se borne à désirer, c'est qu'elle se produise avec convenance et bonne foi. Il y applaudira alors lui-même, car c'est au choc des idées que se fait la lumière.

Ces réflexions l'amènent à exprimer ici un *desideratum* qu'il a formulé vainement depuis bien des années. — Il n'existe à Lyon, ville de 330,000 âmes, la seconde de France, aucun journal hebdomadaire bi-mensuel ou mensuel, consacré aux questions administratives ou d'économie politique. — La *Revue du Lyonnais*, elle-même est destinée à une toute autre spécialité, principalement celle de l'histoire lyonnaise dans le passé et dans le présent.

Une feuille économique et administrative, paraissant à Lyon tous les 15 jours, ou tous les mois, pourrait, sans bruit ni réclames, rendre de réels services. — L'auteur de cette note repousse à l'avance toute pensée personnelle de création, de gérance et de direction d'une feuille quelconque. Mais comme il est convaincu du l'utilité exceptionnelle qui en ressortirait, il appelle de tous ses souhaits

Avant tout, quoique nous allions dérouler une série de propositions d'impôts nouveaux et temporaires, nous devons dire que nous sommes éminemment favorables, ainsi que presque tous nos concitoyens et les organes de la Presse, à la pensée d'ouvrir de grands emprunts, tant en France qu'à l'étranger. Nous constatons que le crédit de la France est toujours resté debout. Nous avons été battus sur les champs de bataille, mais notre crédit, que nos affreux malheurs ont pu froisser momentanément, se relèvera de nouveau avec toute l'énergie d'un ressort bien trempé, du moment que le pays dont les forces vives sont si puissantes, sera gouverné, administré, et surtout rendu à lui-même.

Malgré les ruines accumulées par les fautes et les folies de l'Empire, et par celles des délégations de la défense nationale, depuis la déclaration de la guerre jusqu'à ce jour, la France a, par devers elle, intactes, ses richesses les plus précieuses.

Elle conserve l'intelligence, l'initiative, les aptitudes, essentiellement littéraires, scientifiques, commerciales et industrielles, de ceux de ses enfants qui ont, depuis des siècles, porté si haut et si loin son nom dans tous les genres.

Ses capitaux, ont, il est vrai, pu momentanément disparaître en grande partie, pour ne pas devenir la proie des serres prussiennes, ou des convoitises des révolutionnaires de

la formation d'un noyau de quelques bons citoyens, une quinzaine environ, décidés à faire servir, au profit de notre ville et de notre France, au moyen de travaux périodiques et opportuns, leur savoir, leur expérience, leur position sociale. Il offrirait volontiers de s'enrôler au dernier rang dans ce petit corps de nouvelle création, qui ne verserait point de sang et aurait pour but de répandre des idées utiles. La publication pourrait prendre pour devise : *Dieu, Cité, Patrie* ; ou encore celle-ci : *Le cœur et la raison m'inspirent.*

la rue ; mais ils reviendront du moment qu'à l'ombre de l'ordre et de la sécurité le pays commencera à se sentir renaître au travail et à la confiance.

Enfin la France a pour elle la fécondité inépuisable de son sol et de son climat, dont tant de nations nous envient les produits.

Nous croyons donc au succès d'emprunts rapides auxquels viendra concourir le Monde entier.

Mais ces emprunts, quelques modérées qu'en soient les conditions, il faudra en servir exactement les intérêts, les primes, s'il y en a, et tôt ou tard en rembourser le capital ; et ce *n'est que par des impôts nouveaux* échelonnés d'année en année, que les uns et les autres pourront être amortis.

Ces impôts, *il nous paraît impossible de les demander aux quatre impôts directs*. Ceux-ci ne sont-ils pas chargés outre mesure par des taxes additionnelles, quelquefois abusives, au profit de l'Etat, des départements et des communes ? Ces quatre impôts sont des vaches à lait que l'on trait à chaque instant, et que l'on tarit ou tout au moins qu'on épuise de la manière la plus déplorable.

Au commencement de 1870, alors qu'on se croyait dans une mer relativement calme, on voguait pour toute sorte de dépenses, à pleines voiles et à pleine vapeur tout à la fois. Partout, au Palais législatif, au Conseil de département, et dans la plus modeste mairie on votait avec un entrain imprudent, de nouveaux centimes additionnels, demandés toujours (c'était la mauvaise habitude) aux quatre impôts. Aussi, depuis longtemps, sur tout le territoire français, le centime *additionnel*, toujours croissant, était devenu plus gros, plus pesant que le *principal*. — C'était absurde... C'était comme si, dans la nature, le bras était plus long que le corps, et si le rejeton venu sur souche dépassait de sa ramure, l'arbre dont il dépend par sa racine et dont il s'approprie la sève.

Persister aujourd'hui, à propos de la rançon à payer, à surcharger encore les impôts directs, ce serait vouloir faire déborder la coupe, au trop juste mécontentement des contribuables. Ce serait grossir hors de toute mesure, et sans les dorer comme le seigneur Jupiter des pilules que leur volume, leur poids et leur composition rendent déjà si difficiles à avaler.

Il nous paraît en être de même de l'impôt de l'enregistrement et des mutations (nous ne parlons pas du timbre). Ces droits ont été signalés comme *excessifs, intolérables* par leurs excès, dans tous les cahiers des récentes enquêtes, agricoles et autres.

Ce n'est donc qu'à *l'impôt indirect*, c'est à celui *qui n'est dû que par l'usage et la consommation*, qu'il faut exclusivement ou presqu'exclusivement avoir recours, pour servir à nos terribles vainqueurs d'Outre-Rhin, le repas pantagruélique de cinq milliards que nous sommes condamnés à leur apprêter.

Et même pour les impôts indirects, il en est un grand nombre qu'il serait imprudent d'augmenter, pour cette affectation spéciale de la rançon ; notamment les droits sur les vins et la presque totalité des liquides (1), et cela pour deux raisons ;

La première, c'est qu'ils sont déjà considérables.

La seconde, c'est qu'il faut réserver les augmentations possibles sur ces denrées à l'acquittement des dettes et des

(1) Il serait cependant utile de frapper d'un droit rigoureux quelques liqueurs abrutissantes, telles que l'absinthe, dont l'effet est si déplorable dans notre armée, même parmi bon nombre de nos officiers... Cela est notoire !

charges des communes. Elles perçoivent une partie de ces droits, au moins toutes celles un peu peuplées, sous le nom d'*octrois*. Si le gouvernement, pour ses besoins ordinaires et extraordinaires d'un côté, et ensuite les communes dans les mêmes cas, puisent sans discontinuer aux mêmes sources, celles-ci ne pourront pas suffire, elles se dessécheront.... Et comme ces sources ne sont autre chose que le public taxable et corvéable, il n'aura pas tort d'en être aussi peu satisfait que certain animal de notre grand fabuliste (Lafontaine, *Le Vieillard et l'Ane*).

On pourra aussi songer à créer *l'Income tax*, à l'importer en France ; mais ce serait encore, sous une forme déguisée, *une surcharge des quatre impôts directs*, et, puisque nous sommes en veine de proverbes, celui-ci sera le dernier, nous nous y engageons : Le meunier ne doit tirer ni trois, ni même deux droits de mouture au même sac.

Comme nous n'avons aucunement l'intention de traiter la question de *l'Income tax*, nous nous bornerons à dire qu'en France, il soulèverait par ses inévitables inquisitions une répulsion unanime, nationale.

En résumé, c'est donc à *des impôts indirects tout-à-fait nouveaux*, pour la plupart, que nous estimons qu'il y a nécessité de recourir, et nécessité absolue. Nous allons en citer un certain nombre... Au premier abord, quelques-uns d'entre eux paraîtront étranges, bizarres. — C'est possible, mais qu'importent l'étrangeté, la bizarrerie si l'impôt proposé est juste, facile à recouvrer, productif? Il faudra tant et tant d'argent que comment ne pas frapper à toutes les portes? Comment ne pas s'adresser là où personne, en circonstance ordinaire, n'aurait songé à se diriger ?

Tous les impôts que nous proposons pour la France, ceci doit être bien entendu, doivent être appliqués, autant que les circonstances le permettront, à l'Algérie, à la Cochinchine, aux Antilles françaises et à toutes nos colonies. Les unes et les autres sont françaises ; elles doivent participer, dans la mesure de l'égalité et de l'équité, aux charges extraordinaires dont l'acquittement incombe à tout le territoire, et partout où flotte le pavillon national.

Enfin, il faudra distinguer pour ces charges nouvelles les départements envahis de ceux qui ont eu la chance de ne pas l'être. C'est à l'Assemblée, c'est au gouvernement à décider, après un mûr examen de cette question, avec faveur et justice, mais sans entraînement précipité, dans quelle mesure les départements envahis devront être exemptés de tout ou partie des impôts nouveaux. Et notez ceci : dans le même département, il y aura à distinguer entre les arrondissements, même entre les communes. Tel d'entre eux n'aura point eu à souffrir, ou n'aura souffert que très-peu, quand le territoire voisin aura été ravagé, dévasté, ruiné par les réquisitions et le vol. La guerre est comme la grêle ; elle frappe au hasard et épargne de même.

Voici maintenant la nomenclature que nous nous hasardons à esquisser :

PROPOSITIONS

D'IMPOTS INDIRECTS ET TEMPORAIRES

POUR FAIRE FACE

Soit à la Rançon imposée à la France

SOIT A LA REMISE A NIVEAU DE NOS FINANCES

Au point où elles étaient

AVANT LA DÉCLARATION DE GUERRE

§ 1. — Impôts temporaires sur les Plaisirs, Récréations et Divertissements.

1° *Droit* (très-faible) *d'entrée dans tous les Parcs, Jardins et Promenades publiques clôses* de toute ville de France, au-dessus d'une population de ....

Ainsi, le parc de la Tête-d'Or, à Lyon, serait frappé d'un très-léger droit d'entrée par personne, par cheval, par voiture. Ce serait un tarif à étudier ; il ne devrait pas être au-dessus de 5 centimes par personne, 5 centimes par cheval monté, cavalier non compris, 10 ou 15 centimes par voiture, chevaux compris.

Toute famille ou société au-dessus de trois personnes, jusqu'à un nombre quelconque, ne paierait que 15 centimes.

Ce serait un tarif à imposer et, nous le répétons, très-léger. Il ne serait productif que par le grand nombre des promeneurs tous les jours de l'année.

Toute promenade non clôse en France, par exemple les Marronniers de Bellecour, serait affranchie du droit, à moins que l'administration locale ne crût devoir, par patriotisme, en clore une partie pour percevoir la rétribution.

2° *Droit d'entrée*, également faible, mais calculé d'après l'importance, *dans tous les musées, collections d'art* ou de *curiosités*, peinture, sculpture, zoologie, minéralogie, cabinets et bibliothèques, etc., etc., appartenant à l'Etat, à la commune, ou à un établissement public.

Le droit serait, pour une société ou une famille de

plus de trois personnes, le même que pour trois, de manière à être facilement payé.

3° *Supplément* de tant pour cent *aux droits* perçus pour *l'entrée à toutes courses de chevaux, de chars* ou autres analogues.

Ce supplément serait différent pour chaque classe de place.

Par exemple, de 15 % sur les 1res loges et pesage ;
10 % — deuxièmes ;
5 % — places debout.

4° *Supplément au droit d'entrée* actuel, et perçu avec les mêmes distinctions, sur *tous théâtres, spectacles, bals masqués ou non,* concerts, orphéons, prestidigitateurs, physiciens, acrobates, hercules, ombres chinoises, panoramas, expositions, exhibitions, congrès agricoles, comices de toute nature, conférences et *réunions payantes quelconques,* dans tous locaux appartenant à l'Etat, à la Commune, à des sociétés ou corporations, ou même à des particuliers.

5° Dans les *spectacles, cafés-chantants, concerts, etc.,* où *l'entrée* est gratuite et *se paie par une consommation.*

Là, le droit ponr l'impôt temporaire serait fixé et évalué par l'autorité municipale et la direction des contributions indirectes, à raison de 10 % au moins de la moyenne de la consommation. Ce chiffre devrait être approuvé par le Préfet.

C'est là, et dans les cas analogues, qu'il faut être sévère, car ce sont bien souvent des lieux de démoralisation effrayante, qu'on pourrait appeler du titre d'une comédie de Shéridan : *Scool of Scandal.*

6° A l'avenir, et pendant toute la durée de la liquidation de la rançon et de la situation actuelle, ancune *fête balladoire,* appelée suivant les contrées : *kermesse, vogue, farandole, pardon, fête champêtre,* etc., etc., n'aurait lieu, dans toutes les communes de France, que moyennant un *droit proportionné à la population* de la commune, payé d'avance au percepteur par les organisateurs de ces fêtes, qui sont :

Ou des jeunes gens aisés, faciles à la dépense ;

Ou, le plus souvent et par spéculation, les marchands de vin, cafetiers et cabaretiers.

On peut encore frapper ici d'un droit assez fort, car ces fêtes sont trop souvent cause de dérangements et de désordres entre les deux sexes, et de rixes de commune à commune.

N. B. Dans les grandes villes ou communes qui se divisent en plusieurs quartiers, et ou chaque quartier célèbre séparément sa fête (comme à Lyon, les quartiers St-Just, la Quarantaine, Perrache, Pierre-Scize, la Guillotière, les Charpennes, Monplaisir, etc.), le droit sur chaque fête serait calculé d'après la population approximative du quartier seulement qui prend part à la fête.

7° *Droit* sur tous les *banquets ou repas de corps* ayant lieu chez un traiteur, restaurateur ou dans un endroit public.

Ce droit serait fixé à tant pour cent de la dépense ; il serait payé par le restaurateur, sauf son recours contre les convives.

En cas de fausse déclaration du maître d'hôtel, il y aurait lieu à une forte amende, par exemple de double ou triple droit.

8° *Droit* qui serait perçu à l'avenir, mais toujours temporairement, dans toutes les communes de France, sans exception, *sur tous restaurants, cafés, cabarets, marchands de vin,* et généralemeut sur tout ce qui donne à boire et à manger, qui tiendraient leurs établissements ouverts passé *. . . heures du soir jusqu'à l'heure réglementairé de clô-*

ture prescrite par les règlements municipaux approuvés par les Préfets.

En frappant, d'une licence spéciale un peu lourde, la dernière, ou les deux dernières heures pendant lesquelles ces établissements resteraient ouverts, on atteindrait plus spécialement ceux qui facilitent l'ivrognerie, la débauche et encore plus le jeu. On obtiendrait, d'un autre côté, un résultat moral, celui d'intéresser les maîtres de ces endroits publics à ne pas trop retenir leurs clients hors du foyer de la famille, dont ils dévorent souvent le revenu le plus net.

9º *Droit sur* tous *les cercles publics autorisés;* il serait prélevé sur l'*annuel* dû par chaque sociétaire.

Autre droit perçu sur la *réception* de tout nouveau membre.

Autre droit perçu, au bout de l'année, et à tant pour cent, sur le *produit des cartes et des jeux* y autorisés.

En cas de fausse déclaration, amende du double, du triple, etc.

10° *Droit* annuel (faible), toujours temporaire, dans les villes ou agglomérations de plus de . . . mille âmes, *sur les pianos et instruments bruyants,* tels que : cors de chasse, cornets à piston et autres analogues.

Les artistes de profession seraient exemptés de ce droit.

11° *Droit* de guerre *sur la double, la triple résidence* de la famille.

Ce droit serait perçu indépendamment de l'impôt mobilier.

La double, la triple résidence implique quelque aisance ; il convient de la frapper, mais faiblement, puisque cette taxe viendrait en supplément de l'impôt direct mobilier.

De plus, tout *habitant de la ville* qui est ou devient locataire d'*un appartement meublé ou non, à la campagne, pour la belle saison*, devrait être chargé, pour la rançon à acquitter, d'un demi-droit d'impôt mobilier, au plus.

On se borne à demander un demi-droit, parce que l'habitant de la ville ne réside à la campagne habituellement que six mois.

La jurisprudence de la direction des contributions directes n'est pas uniforme en France sur cette question des locations, pendant la belle saison, d'appartements meublés ou non à la campagne, occupés par l'habitant des villes. On paie dans des départements, on ne paie pas dans d'autres ; il y a quelque chose à étudier et à résoudre pour rétablir l'égalité et pour désintéresser le Trésor.

Mais, revenant à la pensée du droit de rançon sur la double, la triple résidence, elle devrait, toujours, frapper le propriétaire comme le locataire. Convaincus de cette pensée qu'il faut lever un impôt temporaire sur tout ce qui en est raisonnablement et équitablement susceptible, tous subiraient pour un temps cette taxe, très-modérée sans se plaindre.

Il est bien entendu que tous les locaux destinés à l'industrie, au commerce, à l'agriculture, seraient exempts de ce droit. Il n'atteindrait que la pluralité ou la dualité des habitations, des logements, de la résidence de l'individu ou de la famille, soit chez eux dans leur propriété, soit dans des locations d'immeubles appartenant à autrui.

12° Droit (faible) de *séjour dans les villes d'eaux et de bains de mer* par les personnes non domiciliées dans ces localités.

Seraient dispensées de ce droit :

1° Toutes les personnes ne pouvant être transportées qu'en chaises à porteur. ou en voitures ;

2° Les indigents, pourvus de certificat du maire de leur commune, visé par le préfet de leur département.

Toutes autres personnes, même parmi celles malades, sont présumées (et c'est le plus souvent la vérité), s'y rendre en grande partie pour leurs plaisirs, pour y jouir de tous les genres de récréation, promenades, courses, bals, concerts, sans oublier le jeu, qu'offrent les villes thermales ou de bains de mer.

Le droit serait dû par le logeur ou le maître de l'hôtel, par le fait seul de l'inscription de ses clients sur la liste imprimée des étrangers, et du séjour de chaque voyageur, pendant huit jours au moins, y compris celui de l'arrivée.

Le maître d'hôtel aurait le droit de se faire rembourser par son client, car c'est celui-ci que la taxe doit atteindre.

§ 2. — Luxe, Satisfaction d'amour-propre, Désir de Briller, de Gagner.

13° *Droit* modéré annuel sur *les chevaux de luxe, voitures de luxe, paquebots privés, bateaux, gondoles, canots de luxe, traineaux de luxe.*

Tous ces objets, sauf les chevaux, devraient être soumis à une estampille numérotée, renouvelée tous les ans jusqu'à complément de la rançon.

Pour les chevaux l'estampille serait placée au collier.

N. B. Les chiens sont déjà frappés ; il y aurait lieu seulement d'examiner si les *chiens de chasse, de salon, de boudoir et de chambre à coucher*, comme il y en a chez beaucoup de dames ou de demoiselles, ne devraient pas être frappés d'un supplément.

Les chiens de garde ne paieraient que le droit actuel.

Ne seraient pas considérés comme de luxe les chevaux et véhicules ci-dessus énumérés servant, le plus habituellement et presqu'exclusivement, à l'exercice d'une profession commerciale, mécanique ou matérielle, à l'exploitation agricole et industrielle, ou à des analogues.

Mais seraient considérés comme de luxe les objets ci-dessus employés : 1° pour le transport de leurs personnes et de leurs familles, par les propriétaires, directeurs, et appointés des manufactures et industries autres que les ouvriers et manipulateurs.

2° Pour l'exercice d'une profession libérale. Ainsi la voiture des médecins, des fonctionnaires publics, des ministres des cultes à la ville paieraient. Mais ces derniers dans les bourgs ou villages d'une population de moins de   ne paieraient pas ; car le cheval ou la voiture leur sont alors présumés indispensables pour aller aux extrémités de leur paroisse, souvent très-distantes du presbitère.

En cas de débat sur la nature de l'usage de l'animal ou du véhicule, la décision du maire et d'une commission du conseil municipal, approuvée par le préfet, ou par une commission prise dans le conseil général, ferait loi.

14° Droit d'admission (faible) a exiger de tout *artiste agriculteur, floriculteur, fabricant d'ustensiles économiques*

*ou aratoires, admis à exposer ses œuvres, tableaux, dessins,
sculptures, gravures , plans d'architecture, ou ses produits
agricoles de toute nature, fleurs, ustensiles, outils, etc.*

Ce serait un droit d'autant plus équitable qu'il atteindrait le désir de briller, de se distinguer, l'ambition de la réputation ou du gain ; car toutes ces expositions sont évidemment en dehors de l'intérêt artistique ou économique, de véritables *réclames*, ou moyens de se produire.

15° *Supplément de prix* (modéré) pour les *concessions temporaires ou à perpétuité dans les cimetières de tous les cultes.*

N.-B. — Là, ou comme à Lyon et à Paris, les prix sont excessifs et au-delà de ce que l'on peut imaginer, ce seraient les villes qui seraient obligées de verser elles-mêmes tant pour cent du produit des concessions dans l'impôt de la rançon.

Cette distinction serait l'objet d'un règlement du pouvoir exécutif.

Il faut prendre ici un exemple pour être compris :

A Lyon, 2 mètres carrés de terrain coûtent, non compris les frais de timbre et d'enregistrement, 1,800 francs pour une concession perpétuelle (1).

______

(1) Le conseil municipal de Lyon vient, dans son ardeur démocratique et socialiste, de doubler le droit, par une délibération récente , elle porte le mètre carré de terrain à 1,800 fr., soit les 2 mètres à 3,600 fr.

C'est tout simplement une aberration. A force de saigner on épuise. La méthode du docteur Broussais n'est plus de mode et, si l'on veut que des taxes produisent, il ne les faut pas extravagantes.

On ignore si M. le Préfet du Rhône a autorisé cette augmentation plus que maladroite, pour ne pas dire insensée.

Dans des villes, dans des villages même riches, 2 mètres carrés coûtent souvent à peine 100 fr., c'est-à-dire 18 fois moins.

Cette différence énorme n'est pas raisonnable.

Toutes les personnes qui achètent des concessions sont présumées à leur aise, souvent riches, même quand elles se font enterrer à la campagne. Qu'elles puissent y acheter un terrain à un bas prix relatif, très-bien ! Mais n'est-il pas de toute justice que là où le prix de la concession est relativement minime, il soit payé un supplément de droit par tout nouvel acquéreur, applicable à la rançon de la paix ; et que là où le droit est déjà excessif, ce soit au contraire la commune qui soit obligée de le payer à l'Etat, au fur et à mesure de concessions nouvelles? Elle le prendrait sur les deux tiers dont elle profite ; le tiers, revenant d'après la loi aux hospices de la localité, demeurerait intact.

C'est cette distinction raisonnable que nous voulions justifier ; les observations qui précèdent nous paraissent y suffire.

16° *Droit* (très-faible) dans toute la France sur tous *les écriteaux, enseignes, tableaux, cadres, attributs, branches de pin* ou de *tout* autre *arbre* ou *arbuste* appelée vulgairement *bouchon*, (1) et généralement tous signes extérieurs ou vus de l'extérieur, placés contre la façade de la maison ou derrière les vitraux de la devanture, ou pendant au dehors par des tringles ou consoles, *destinés à indiquer*, ou par

---

(1) BOUCHON, rameau de verdure, couronne de *lierre* etc., qu'on attache à une maison, pour faire connaître qu'on y vend du vin. — Un bouchon de cabaret. (*Dictionnaire de Bescherelle.*) V° Bouchon.

des inscriptions, ou par des signes en usage dans le pays, un *travail,* une *profession quelconque.*

N. B. Dans les villes où déjà la municipalité frappe ces signes extérieurs d'un droit de voirie ou licence, il ne serait perçu pour la rançon de la paix qu'un supplément spécial.

Cette nature de droit, même très-faible, rendrait un chiffre important à cause du nombre infini de ces enseignes, signes ou attributs, établis sur les rues et voies publiques de tout le territoire.

Le droit principal ou supplémentaire serait perçu au mètre carré ; il varierait suivant les populations des villes ou communes.

On peut être certain, que soit à cause de l'extrême modération du droit, soit à cause du désir de maintenir un signe connu et souvent très-ancien de {la clientèle, aucun attribut ni enseigne quelconque ne serait supprimé.

Et même, quand quelqu'un serait tenté de les jeter à bas afin d'échapper à un impôt minime, il renoncerait à le faire, si le gouvernement, en créant les taxes, s'adressait au patriotisme des citoyens.

17° Divers journaux ont parlé du rétablissement de la *Loterie ;* ils font remarquer qu'elle est maintenue à peu près partout à l'étranger. Il conviendrait, suivant eux, de retenir, pour l'impôt de la paix et par l'appât du gain aléatoire, ceux de nos concitoyens qui ne résistent pas à la tentation de faire prendre des numéros sur les loteries étrangères. Il serait piquant d'un autre côté que le rétablissement temporaire de cet impôt, essentiellement volontaire, nous amenât l'argent de nos amis glacés, les neutres, et même celui que nous aurions payé à nos insatiables ennemis...

Ce serait là un coup de maître !

Contre ce rétablissement, même momentané , se dresse et se hérisse la grande question de l'immoralité.

Pour nous, nous n'osons nous décider ; nous ne prononçons pas le solennel *oui* ; mais quant à présent nous ne disons pas *non*. — La question est trop grave et nous ne faisons pas ici du sentiment.

Un mot pour faire comprendre notre hésitation.

Dans l'état actuel des choses en France , que de tolérances évidemment immorales de la part de l'autorité, dégradantes même pour la nation française ! Nous n'en citerons que deux exemples : 1º les jeux sur les fonds publics, marchandises et valeurs variables tolérés, non-seulement à la Bourse, mais partout ; 2º les abus révoltants qui se passent au grand jour dans nombre de cafés, cabarets et établissements publics ; savoir : l'ivresse du vin, l'usage abrutissant des liqueurs fortes, dont nous aurions tant à dire à propos de notre armée, même dans certains grades, le jeu, la perte du temps et du patrimoine, l'oubli de la famille et des premiers devoirs. Enfin, parmi ces établissements serait-il bien difficile de constater que plus d'un sert, et la police le sait, à d'autres genres de débauches ?

Ces abus existant, et il sera difficile de les extirper, n'est-il pas vrai de dire que bon nombre d'entr'eux sont plus dommageables et plus scandaleux qu'une loterie organisée par le gouvernement sur des bases prudentes, pourvue de freins comme une locomotive !

L'un de ces freins pourrait être la longueur de l'intervalle entre un tirage et l'autre.

Les billets devraient être nominatifs ;

Ils ne se prendraient pas dans des bureaux spéciaux, mais aux mairies ou chez les percepteurs, auxquels il serait défendu d'avoir des portes de derrière.

Ils seraient refusés à tout individu non domicilié dans la commune et aux indigents, etc.

Nous ne faisons qu'entr'ouvrir la question ; c'est au Gouvernement à l'approfondir, à l'Assemblée à la résoudre.

Ils connaissent mieux que nous le *Pour* et le *Contre :* avec des précautions le Pour ne serait peut-être pas le Pire, mais en réduisant ce tribut national sur l'appât du gain, à un impôt essentiellement temporaire, celui du rachat de la Paix.

§ 3. — Pompes et Cérémonies célébrées pour les particuliers dans tous les Cultes reconnus par l'Etat.

1° *Prélèvement* (modéré mais sensible) de tant pour cent *sur le brut des droits payés pour toutes cérémonies et sonneries tarifées, n'intéressant que des particuliers ou des familles, dans tous les cultes reconnus et rétribués par l'Etat, catholiques, réformés, israélites, et même par les autres cultes non rétribués* pouvant avoir des temples ou mosquées en France, notamment à Paris et dans quelques grandes villes, par exemple les *rites anglican, russe, grec, musulman,* etc., etc.

Ce prélèvement serait payé par les fabriques, consistoires, synodes et rabbinats eux-mêmes, et resteraient à leur charge.

Les cérémonies tarifées ont été de tout temps les enterrements, et depuis quelque temps, dans d'assez nombreuses localités, les mariages et les baptêmes.

Seraient exemptées de ce droit, dans toute la France, les deux dernières classes de toutes ces cérémonies, où le clergé et les ministres font preuve de désintéressement en faveur des familles gênées ou malheureuses.

Les conseils de fabriques, consistoires, etc. , devraient fournir, tous les trois mois, un état *du brut* par eux encaissé; ils seraient crus sur leur affirmation de sincérité constatée par les signatures des président et trésorier au bas de cet état, qui serait envoyé au percepteur chargé du recouvrement.

Seraient encore exemptes du droit les cérémonies pour lesquelles il serait attesté, par lesdits président et trésorier, qu'il n'existe dans la paroisse, le temple ou la synagogue, aucun tarif obligatoire et que la rétribution est volontaire, facultative et modique.

L'exagération de certains tarifs, bien qu'ils servent aux frais des cultes et à la tenue décente des édifices consacrés à la religion, est généralement critiquée. Les droits actuels frappent, il est vrai, le luxe et la vanité; mais leur caractére obligatoire, l'impossibilité de les discuter dans leurs détails, leur inégalité d'une juridiction à l'autre, l'absence même de contrôle par l'autorité supérieure, excitent à notre connaissance des plaintes depuis longtemps. — Ce serait satisfaire l'opinion publique que d'ordonner les prélèvements que nous proposons en faveur des impôts destinés à payer la paix.

19° *Dans tous les cultes* seraient encore frappés d'un droit fixe, variant suivant les populations des communes, *les offices ou messes dits de corporations, et encore ceux où figureraient des orchestres de musique ou des chanteurs,* payés ou non payés, autres que les membres du clergé, l'organiste ou les autres artistes (ophicléide, serpent, serpenteau, contre-basses) attachés d'une manière permanente à la paroisse, au temple ou à la synagogue.

Lorsque l'office aurait lieu dans un but de bienfaisance, le droit fixe ci-dessus, pour la rançon de la paix, serait réduit à moitié.

20° *Une quête* pour l'impôt de la rançon serait faite *dans toutes les églises, temples et synagogues de France* rétribués ou non par l'Etat, à tous les offices de la journée, les dimanches (et les samedis pour les israélites) qui suivront :

1° Le jour anniversaire de la déclaration de guerre par la France;

2° Le jour anniversaire de la ratiflcation des conditions de la paix par l'Assemblée nationale à Bordeaux;

3° Le jour anniversaire où les Allemands quitteront complètement la France et la délivreront enfin de leur présence détestée.

§ 4. — Indemnité par les réformés du service militaire ou par ceux exemptés par leurs fonctions ou par leur caractère.

21° Cette indemnité, payée pendant tout le temps de l'impôt de la rançon, serait la compensation du service militaire dû par *tout Français* à l'Etat, et que les réformés ou exemptés ne lui rendent pas, à cause de leur état physique ou de leurs fonctions ou de leur caractère.

L'état actuel de la législation est à cet égard *d'une injustice révoltante ;* tout le monde s'en est plaint avec raison, surtout depuis la dernière guerre. — Un commencement de réparation sera fait par cet impôt temporaire ; espérons qu'il deviendra permanent.

Les réformés et les exemptés doivent payer *avec de l'argent,* ce qu'ils ne paient pas comme les autres en temps perdu, en fatigues de tous genres, et quelquefois au prix de la perte d'un membre, ou même de la vie. C'est là un principe permanent et nouveau à introduire dans la législation de l'impôt dit *du Sang*.

La difficulté est d'établir une base légale de ce droit à créer vis à vis des réformés ou exemptés, à cause de l'extrême différence des fortunes. Cette base pourrait être, sauf meilleur avis, celle de la moitié de la moyenne des prix de remplacement ou d'exonération dans les dix dernières années.

D'un autre coté, il ne pourrait pas y avoir, même avec cette base, un type unique, à cause de cette différence à l'infini des positions pécuniaires.

La base maxima une fois adoptée, le maire et une commission du conseil municipal auraient le droit de la réduire à la 1/2, au 1/4, même au 1/5e ou au 1/6e suivant les individus.

En cas de réclamation par l'un des réformés ou exemptés, il serait statué par une commission spéciale de trois membres du Conseil général, dont la décision serait toujours publiée dans un journal.

§. 5. — Nominations, promotions, avancements, collation de grades, prix, récompenses.

22° *Droit* fixe (modéré) variant suivant la fonction, *pour tout procès-verbal de prestation de serment, prise de possession ou d'installation, de tous magistrats, fonctionnaires et employés de tout ordre, officiers de l'armée et de la marine, avocats, officiers ministériels, agents de change, courtiers,* etc., etc.

23° *En cas de promotion ou d'avancement*, pour tous les appointés (la retenue existant déjà du 1er mois du traitement pour la caisse des pensions), il serait encore fait, pour l'impôt de la paix, *une très-légère retenue à la fin des 6e, 12e, 18e, 24e mois*, etc., ainsi de suite jusqu'à paiement intégral de la rançon, mais seulement sur l'augmentation du traitement.

24° Paiement d'un *droit supplémentaire* (très-faible) pour *tous brevets ou diplômes* portant collation *de grades ou certificats de capacité*, soit *par l'Université*, soit *par toutes Écoles publiques* ou *appartenant à des Sociétés privées*.

25° *Retenue*, au profit de l'impôt de la paix, par tous les établissements publics ou autres faisant à leurs élèves des *distributions annuelles ou périodiques, de prix ou récompenses, de 10, ou seulement de 5 %* de la somme qu'ils consacrent annuellement à ces distributions.

26° *Même retenue* par *tous Ministères, Académies, Sociétés savantes* de toute nature, *de 10 % ou 5 %, ou tout autre* somme, à prélever pour l'impôt de la paix, *sur celle consacrée à des prix à décerner, même ceux provenant de fondations, aux auteurs des meilleurs travaux ou mémoires*.

Exemple : un prix de 500 fr. ne serait remis à celui qui l'aurait mérité que pour 450 ou 475 fr.

Un prix de 400 fr., serait réduit à 360 ou 380 fr.

La différence serait versée dans l'impôt de la paix.

Il est à croire que si les fondateurs décédés revenaient à la vie, ils approuveraient les premiers l'idée patriotique de cette retenue ; l'ordonner serait donc entrer dans leur esprit.

Les prix Monthyon et autres de même nature destinés à la récompense de la vertu n'éprouveraient aucune réduction.

§. 6. — Poste aux lettres, circulation, etc.

27° *Port de lettres simples porté de 0,20 c. à 0,25 c. Lettre double de 0,40 à 0,50 c.* — Il ne faut pas aller au-delà, pour ne pas alourdir cet impôt, qui n'est très productif que parce qu'il est modéré.

Augmentation à peu près dans les mêmes proportions de tous autres droits de poste à l'intérieur.

Quant aux tarifs résultant de toutes conventions internationales, ils seraient maintenus aux taux actuels.

28° *Droit supplémentaire faible* sur les *passeports pour l'étranger.*

Il ne faut à aucun prix rétablir les passeports dans l'intérieur de la France.

29° Droit, très-faible, de *péage sur tous les ponts* de France actuellement *non payants.*

Il y aurait pour les indigents des cartes personnelles les dispensant du péage du pont de la commune habitée par eux.

On pourrait aussi accorder des abonnements, surtout dans le but de faciliter l'agriculture et les industries locales.

§. 7. — Opérations de bourse, courtages.

30° *Augmentation du timbre sur* tous les *certificats des agents de change, courtiers libres ou autres,* de toute nature constatant des *opérations* de leur ministère.

Là où le timbre n'est pas actuellement nécessaire, il deviendrait obligatoire.

En cas d'infraction, amende suffisante pour assurer l'observation de la disposition.

§. 8. — **Journaux périodiques ou non. Publications de toute nature par la voie de l'impression. Droit des auteurs sur les représentations dramatiques de leurs ouvrages.**

31° *Droit* (faible) *de tirage ou d'impression par chaque cent d'exemplaires, sur tous journaux ou écrits périodiques ou non.*

Tout cent commencé serait réputé complet.

Déclaration du tirage de chaque jour serait faite et acquittée par le directeur du journal.

En cas de fausse déclaration, amende du double ou triple.

On ne rétablirait point le timbre sur les journaux.

On établirait seulement et temporairement un droit perçu en argent sur la déclaration du directeur du journal.

La dispense de faire timbrer les feuilles destinées aux journaux économiserait beaucoup de temps, de voitures et d'employés, soit aux imprimeurs, soit à l'administration du timbre. Cette dispense libérale, qui exempterait de revenir à l'ancien état de choses, même pour un impôt temporaire, serait une grande amélioration.

Nous entendons par un droit modéré de tirage, 50 c., 75 centimes, au plus 1 franc, par cent exemplaires.

31° *Droit (toujours très-modéré) par chaque cent d'exemplaires imprimés, de tout volume publié pour la* 1re *fois ou réimprimé,* concernant tous sujets : *Religion, Philosophie, Histoire, Économie politique, Poésies, Romans, Mélanges, Mémoires, Musique (Théorie et Compositions),* etc., etc., en un mot *toutes les productions de l'esprit,* sauf les seules ci-après :

Seraient exemptés : 1° Les volumes de tout ouvrage d'instruction dite *élémentaire* et *primaire,* religieuse, littéraire ou scientifique, à l'usage scolaire de l'enfance et de la première jeunesse.

2° Tous imprimés de moins de 3 feuilles d'impression.

Le droit ne devrait jamais dépasser le 5 % ou le 20ᵉ du prix de vente du livre ; ainsi 0,05 centimes sur un volume coté un franc et ainsi de suite.

Le prix de vente serait indiqué à l'avenir et à peine d'amende, au dos, sur la couverture, reliée ou brochée.

Quant aux livres anciens ne portant pas le prix de vente, il y serait suppléé par la déclaration de l'imprimeur ou du libraire.

Il serait vivement à désirer qu'on pût trouver le moyen de faire payer cet impôt aux auteurs eux-mêmes et non pas à leurs imprimeurs, éditeurs ou libraires.

Les auteurs, dont la propriété littéraire a été consacrée d'une manière si bienveillante à leur profit par une loi assez récente, améliorant encore les précédentes, les auteurs et leur république ont un singulier et unique privilége. Ils peuvent tirer par 1,000, 10,000, 20,000 ou 50,000 des éditions de leurs écrits ; ils les répandent.

quand ils ont un nom, dans les cinq parties du monde, et ils ne paient à cette occasion aucun impôt, aucun, pas même un centime.

Un avocat, un architecte, subissent une patente ; l'auteur y échappe malgré les produits, quelquefois merveilleux, de ce que la loi appelle avec raison sa propriété, malgré un revenu souvent considérable, énorme.

Pourquoi une propriété qui peut être une mine d'or, et qui s'exploite sans frais serait-elle affranchie de tout impôt permanent et, à plus forte raison, d'un impôt temporaire et patriotique ?

L'immunité actuelle est de toute injustice : on doit faire cesser une telle anomalie pour le présent et dans l'avenir.

33° *Annonces et réclames dans les journaux périodiques quotidiens ou non, sans exception ;* il convient de frapper les *annonces* d'un droit très-léger, par exemple d'un centime la ligne dans les uns, et demi-centime dans les autres, moins encore si l'on veut.

Les *réclames* paieraient un droit un peu plus fort, et dans les mêmes proportions, mais toujours très-léger.

On pourrait encore, pour alléger d'avantage le droit, le faire payer non à la ligne, mais au décimètre carré par exemple. Ce que nous proposons, c'est une taxe extrêmement douce ; car plus elle sera douce, plus elle sera inaperçue et plus elle produira.

Il est bien entendu que le journal ne ferait que l'avance de ce droit qui serait à la charge de son client.

Peut-être aurions-nous, à cause de cette observation, dû placer ce n° beaucoup plus haut, au § 2, consacré en partie au *Désir du gain et de briller*. En effet les annonces et réclames sont inspirées presque toujours par l'un de ces deux motifs... Néanmoins, nous les maintenons ici parce que c'est le directeur du journal qui en fera l'avance.

34° Même droit, toujours très-léger, sur chaque cent de *placards et d'affiches imprimées et placardés sur la voie publique*, toutes les fois que cette impression et cet affichage s'appliqueront à des intérêts privés, et non aux actes, avis ou arrêtés de l'administration et du gouvernement.

Ce droit, très-léger pourrait être, par exemple, de 0,25 c. par chaque cent d'exemplaires imprimés, placardés, ou non. Tout cent commencé devrait le droit.

L'imprimeur ferait sa déclaration du tirage, elle ferait base de la perception ; il serait tenu d'avancer la somme due, sauf son recours contre celui qui lui aurait fait la commande, dont la teneur serait représentée.

En cas de fausse déclaration, l'amende du double ou du triple serait due.

35° On parle beaucoup de rétablir les *cautionnements sur les journaux,*.

Le principe d'un cautionnement est utile, à notre sens, à l'effet d'empêcher à beaucoup de feuilles, qui ne vivent souvent que quelques jours ou quelques semaines, de paraître pour mourir aussitôt après. La plupart du temps, ces créations éphémères ne doivent leur naissance qu'à l'excitation ou passion du moment, à la fièvre d'une crise dont espèrent profiter des agitateurs. Et, le plus souvent aussi, elles n'ont aucune base sérieuse, pas plus que les hommes, et souvent les aventuriers qui les improvisent pour le besoin d'une cause généralement mauvaise.

Il faudrait que le cautionnement fût très-modéré ;

Nous émettons aussi l'idée qu'il pût être successivement diminué au profit de tel ou tel journal, après une ou deux années d'existence, si le journal n'avait encouru aucune condamnation, et donnait, par la sagesse et le vrai libéralisme de sa direction, toutes garanties de sécurité. *En ce cas le cautionnement serait rendu, en tout ou en partie, au journal, à titre de distinction honorable.*

Cette idée est nouvelle, tout à fait nouvelle, sauf erreur de notre part, et elle nous paraît intéressante pour l'avenir de la Presse, de la vraie Presse, même en dehors de la question de la rançon de la paix.

36° *Prélèvement* de tant pour cent (faible) *sur les droits d'auteurs par suite des représentations dramatiques de leurs pièces.*

Ce prélèvement serait payé par les directeurs des théâtres, et retenu par eux aux auteurs.

Si ce droit sur les représentations est juste, celui sur les imprimés eux-mêmes, n° 32, l'est au moins autant.

§ 9. — Valeurs diverses mobilières, rentes sur l'Etat, créances hypothécaires.

37° *Le revenu des valeurs mobilières diverses, industrielles et autres,* paie déjà un droit, soit pour celles au porteur, soit pour celles nominatives.

On devrait encore, selon nous, les frapper *d'un droit nouveau, mais très-léger.* Ce n'est qu'à cette condition de modération qu'on pourrait violer la maxime, exceptionnellement et par force majeure : *Non bis in idem.*

La rente sur l'Etat ne devrait pas être épargnée.

38° Quant aux *créances hypothécaires,* il faudrait, et nous insistons énergiquement, *frapper le créancier qui a toujours échappé jusqu'ici et non le débiteur, d'un droit convenable.*

Le créancier serait atteint, si on s'adressait à lui, de la manière suivante :

Sur le relevé de toutes les incriptions hypothécaires, fait par les conservateurs des hypothèques dans toute la France et adressé par eux en franchise aux percepteurs des domiciles des créanciers, les premiers enverraient aux titulaires des créances, la feuille d'impôt pour la paix.

Ceux-ci ne pourraient y échapper qu'en faisant rayer leurs inscriptions ; mais ils devraient le droit jusqu'à la radiation de l'inscription, ou jusqu'à preuve certaine que la créance était antérieurement éteinte par le paiement.

Tant pis pour ceux qui auraient oublié de faire rayer, dans un délai que le Gouvernement pourrait fixer ! Ce serait la peine de leur négligence.

§ 10. — Faveurs ou concessions gratuites faites par l'Etat ; impôts pour le passé, adjudication à l'avenir de toutes concessions nouvelles.

39° *Impôt sur pensions volontaires, et concessions gratuites tels que bureaux de tabacs et autres de même nature.*

Cet impôt, qui devrait être très-modéré serait de toute justice, pour les concessions en cours d'exercice.

En effet, un don par le gouvernement ou toute autre autorité publique, même par un département ou une commune, fait à titre de largesse, est toujours révocable parce qu'il a eu lieu sans cause, sans obligation, à la grande différence d'une pension de retraite.

Qu'on laisse subsister les avantages qu'un don ou concession à titre gracieux, antérieur à la promulgation de la loi que nous sollicitons, produira en faveur du bénéficiaire ! rien de mieux.. Mais il n'y a aucune raison juridique, ni même d'équité, pour ne pas le charger, à l'avenir, d'un impôt modéré, affecté tant qu'il sera besoin au paiement de la rançon.

Le bénéficiaire demeurera titulaire ; très-bien ! mais il est juste qu'il verse dans la Caisse de l'Etat une portion de ce qu'il retire de la libéralité que l'Etat aurait pu révoquer et qu'il consent à lui maintenir.

Nous demandons en même temps deux dispositions se rattachant au même sujet, savoir :

1° *La suppression immédiate de toute concession* de bureaux de tabac, de postes et de toutes autres de même nature, *qui se cumuleraient avec une pension de retraite* quelconque. L'abus d'un semblable cumul frappe les yeux ; il doit disparaître. Pour arriver à cette suppression, une table générale alphabétique, exécutée avec soin dans toute la France et dans toutes les administrations nationales, départementales, communales et publiques quelconques, collationnée minutieusement à Versailles ou à Paris, révèlerait très-probablement un certain nombre de ces cumuls. Aussitôt la découverte constatée, la pension subsisterait, mais la concession de bureau ou de cadeau, quel qu'en soit le nom, serait retirée.

2° *Au fur et à mesure de l'extinction* par décès ou autrement *des titulaires actuels* de ces bureaux ou faveurs, il *serait procédé à l'adjudication*, devant l'administration compétente, *de toute concession viagère de cette nature*, au *plus offrant et dernier enchérisseur*, présentant les conditions de solvabilité et moralité voulues par les règlements. L'adjudication aurait lieu moyennant une ferme, dont le prix annuel résulterait de la chaleur des enchères. Ce revenu, *tout à fait nou-*

veau, serait appliqué tant qu'il le faudrait à la rançon de la paix ; il profiterait ensuite à la Caisse générale du Trésor. Il serait assez considérable à cause de l'extension et de l'importance prises par ces bureaux ou concessions analogues, il serait très-avantageux pour l'Etat qu'il devînt parmanent ; cet impôt résultant d'une faveur, personne ne s'en plaindrait, pas même le concessionnaire qui se serait engagé à le payer.

Observations en terminant cette étude très-incomplète.

On ne s'est occupé ici aucunement, ni des questions de douanes, ni, sauf de très-légères exceptions, des droits indirects actuellement existants : ainsi pas un mot sur les liquides et sur certains spiritueux. L'examen détaillé de ces droits pourrait suggérer d'assez nombreuses augmentations pour l'impôt de la paix. Les Commissions de l'Assemblée Nationale se livreront sans doute à cet examen.

Mais on ne saurait trop le répéter : il ne faut demander l'impôt de la paix,

Ni aux 4 impôts directs déjà surchargés, .

Ni à l'Enregistrement également surchargé qui aurait besoin d'une réforme radicale avec de notables diminutions.

Il est évident, qu'avec plus de réflexion et d'étude on arriverait à trouver de nouveaux impôts ; leur liste bien méditée pourrait s'étendre loin.

Ainsi, nous nous apercevons que nous avons oublié de demander des augmentations possibles sur les *permis de chasse,* sur la *poudre de chasse,* la mise en ferme pour la rançon de la paix, de *la chasse* et de la *pêche dans les parcs*, les *forêts* et les *anciennes résidences des souverains*, dans les propriétés de l'Etat comme dans celles de la liste civile. Ce sont là des plaisirs de grand luxe qu'il ne faudrait pas craindre de frapper d'un droit assez fort.

On n'a pas eu un instant l'intention d'épuiser la matière, pas même de la creuser. On s'est borné à proposer un certain nombre d'exemples ; il aurait été facile d'en ajouter d'autres (1).

La voie est indiquée ; c'est aux hommes compétents du Gouvernement et de l'Assemblée Nationale à examiner dans quelles limites il faut y entrer et la parcourir.

On ne doit pas perdre de vue que la somme à payer *est énorme ;* il faut donc *des impôts indirects et beaucoup.* Nous l'avons déjà dit ailleurs : Ce sont les gouttes, les sources qui forment les petits ruisseaux, et ce sont les ruisseaux qui, en se joignant les uns aux autres, celui-ci un peu plus haut dans la montagne, celui-là un peu plus bas dans le vallon, ce troisième plus bas encore dans la plaine, alimentent les grandes rivières et répandent la fécondité.

Ce qui est vrai de la nature, l'est aussi des impôts indirects. Etablis même sur des bases très-légères, à l'état de gouttelettes d'eau tombant sans cesse, de petite source perçant la roche, ils produisent beaucoup, naturellement et sans bruit. Le consommateur qui s'y expose volontairement

---

(1) C'est à dessin que nous n'avons pas dit un mot de *toutes les économies possibles* à faire sur nos budgets. C'était un sujet trop grave pour être traité accessoirement ; d'autres s'en sont déjà occupés avec fruit. Enfin, il y aura tant à payer, tant à indemniser en dehors des cinq milliards, que toutes les économies imaginables seront, hélas, de la plus complète insuffisance.

ou à peu près, n'élève pas de plaintes et n'en éprouve pas de charge dommageable. Très-souvent même, le droit est acquitté ou par lui, ou par d'autres pour lui, sans qu'il s'en aperçoive, ou au moins sans qu'il y ait porté son attention. Ces impôts sont les plus légers, les vrais, les meilleurs.

Nous finirons par une observation capitale.

Il paraît qu'en Allemagne, après la période des guerres victorieuses du premier empire français, on paya au moyen d'emprunts les indemnités et tributs qu'imposaient les traités dictés par le vainqueur. Ces emprunts, il fallut les rembourser en capital et intérêts, et on établit en Prusse et dans les autres Etats terrassés par la France, de simpôts spéciaux qui durent se prolonger pendant de nombreuses années.

Pour nourrir et perpétuer dans les cœurs allemands la haine du nom français, *on imprimait* sur la feuille remise à chaque contribuable, *le motif de l'impôt, les obligations dures contractées envers la France.*

On assure que ces impôts subsistent encore ou qu'ils n'auraient cessé que depuis peu d'années. Le moyen n'a que trop réussi. La même formule renouvelée d'année en année, retournait sans cesse le poignard dans la plaie saignante, et alimentait la douleur nationale.

La France doit agir de même. *Tant qu'il y aura* dans notre malheureuse patrie, *des impôts spéciaux pour payer* directement ou indirectement *le prix de la pesante paix de Versailles,* il convient que la formule demeure toujours la même, et par exemple celle-ci : Impôt créé spécialement pour contribuer avec beaucoup d'autres, au paiement de la créance des Allemands de CINQ MILLIARDS.

Cette mention, répétée à l'infini, rappellera à la génération actuelle, si elle pouvait l'oublier, et apprendra à nos descendants, au moment de l'appel annuel fait à leurs bourses, l'origine humiliante et l'énormité de la rançon dont vont nous dépouiller, après tant d'autres spoliations, nos insatiables ennemis, les *Normens* du XIX° siècle.

Fondrières et Marécages (1) des grandes villes. Drainages et Pilotis à demander à la loi.

La société, telle qu'elle est démoralisée et désorganisée dans les grandes villes, n'est plus qu'une fondrière et un marécage ; partout le sol y est mouvant, sans résistance, sans point d'appui. Où il restait encore quelques vieilles fondations, quelques assises solides, elles ont été successivement ébranlées, lésardées par des courants destructeurs, pourries ou brûlées par des eaux délétères et corrosives.

Ce sol mouvant de la société, ce sont les hommes qui nous entourent, à côté desquels nous vivons dans certaines grandes villes. Si nous pouvons nous appuyer sur trois ou quatre de nos voisins, le cinquième nous est inconnu ; le sixième est un homme dangereux, contre lequel nous devons être sur un perpétuel *qui vive*. Allons un peu plus loin, pas plus que le bout de la rue. Ceux qui y habitent ont sans cesse l'injure et le blasphème à la bouche, la haine dans le cœur contre tout ce qui possède, contre tout ce qui est respectable et honoré. Ils prêchent hautement, dans les clubs comme chez eux, le mépris de tout principe de religión

(1) Cette étude est tout-à-fait détachée du travail qui précède, mais comme elle est saisissante d'actualité, on a cru utile de la publier à la suite.

et de morale. Le bien d'autrui est à eux, on le leur a volé ;
ils sauront bien se faire leur part au prochain bouleverse-
ment. Dans un moment de fureur populaire (voyez Paris,
Perpignan, Marseille, Saint-Etienne, Limoges ; à Lyon, la
Croix-Rousse et Monplaisir, etc , etc.) le citoyen le plus
utile à son pays comme celui le plus modeste, le vieillard
comme le jeune homme, le préfet comme le garde national
peut être atteint au coin d'un carrefour par une balle fratri-
cide, ou recevoir dans la poitrine, au seuil de sa demeure,
le coup de poignard d'un bandit, d'un fainéant ou d'une
brute. — Aujourd'hui, il y a plus à craindre d'être tué par
un compatriote, un concitoyen, un voisin, un passant dont
on ne se défie pas, que l'on n'a jamais vu, avec lequel jamais
n'a été engagée la moindre querelle, qu'il ne l'était pendant
la guerre d'être frappé par l'ennemi, duquel on était au
moins séparé par un fossé ou par un rempart.

Le tableau que nous venons d'esquisser est-il inexact ?
Les couleurs en sont-elles exagérées, non pas pour le pays
tout entier, grâce à Dieu ! encore à l'abri d'une telle destinée, mais pour les agglomérations des grandes villes industrielles ? Celles-ci ne peuvent que répondre oui ! Cela n'est
que trop vrai,—car c'est sur elles que le génie du mal, de la
guerre civile et des plus horribles conceptions, s'acharne à
verser tout son fiel, toute sa rage, pour les changer depuis
quelques mois, en un enfer anticipé.

Nous avons donc eu raison de dire que nous, habitants
des villes populeuses, nous vivions sur une fondrière, un
marécage, un sable mouvant, recelant tous les dangers. Nous
aurions pu ajouter, mais nous n'avons pas voulu forcer la
teinte, que sous ces fondrières étaient allumés des volcans
toujours prêts à faire éruption... Et ceci est encore la vérité.

Quel remède possible à un tel état social ?

On ne peut assainir et affermir un marécage ou une fondrière que par des *drainages* d'abord, des *pilotis* ensuite.

C'est aussi à des drainages et à des pilotis, assortis à la nature de la fondrière, que nous conseillons d'avoir recours.

Les drainages pourraient être de plusieurs sortes, mo-
raux ou légaux.

Par drainage moral nous entendrions les moyens à l'aide
desquels on pourrait enlever, faire écouler et disparaître les
mauvaises doctrines qui pervertissent la société. On a écrit
sur ce sujet des volumes ; comme nous nous bornons ici à
une étude différente, nous n'abordons pas ce genre de drainage qui nous mènerait trop loin. Nous nous limiterons à
une proposition de drainage légal.

Voici, à peu près, en quoi consisterait la loi nouvelle que
nous désirerions à cet égard :

1° Décider en principe que tout individu de l'un et l'autre
sexe, ne justifiant pas de moyens d'existence et n'ayant pas
en même temps un domicile à lui ou ne logeant pas chez un
individu domicilié et patenté qui réponde de lui par écrit, ne
pourra habiter que dans sa commune d'origine ;

2° Que s'il en sort, il pourra y être ramené par force, et
qu'il sera inscrit, comme *ramené* une première fois, sur un
double registre tenu à cet effet par le maire de la commune.
L'un des exemplaires serait déposé tous les ans chez le pro-
cureur de la république du tribunal de ressort, l'autre reste-
rait à la commune ;

3° Que s'il en sort une seconde fois sans remplir les conditions ci-dessus, il sera condamné à une peine correction-
nelle légère, ramené une seconde fois par force dans la commune et réinscrit sur le registre des *ramenés*, avec affiche de
son nom sur la façade de la mairie et celle des édifices
publics ;

4° Que s'il en sort une troisième fois, toujours sans remplir les conditions prescrites, il sera condamné à une peine plus forte comme récidiviste, réinscrit une troisième fois sur le registre, avec une nouvelle affiche, et interné alors dans une colonie, au choix du gouvernement, pour un temps que la loi fixerait ou que le juge déterminerait ;

5° A sa sortie il retomberait, en cas de quatrième infraction de sa part, sous l'application nouvelle et aggravée du 4° ci-dessus.

Il est bien entendu que les condamnés à certaines peines graves et les repris de justice ne pourraient habiter, pas plus qu'aujourd'hui, certaines grandes villes ou agglomérations ouvrières. A cet égard, une législation existe. Si les peines pour la rupture de ban ne sont pas suffisantes, il y aurait lieu seulement de les aggraver, de manière à les rendre plus efficaces.

Il va sans dire que cette loi s'appliquerait, avec les modifications nécessaires, aux étrangers encore plus qu'aux nationaux eux-mêmes.

Avec cette loi, le *drainage légal* que nous proposons s'opérerait naturellement. Les villes, refuges actuels de tant d'individus paresseux, débauchés, factieux par goût et par profession, seraient vidées dans leurs bas-fonds de tout ce qui y pullule de plus dangereux et de plus infect.

Quel salutaire drainage ! quelle épuration ! quel progrès pour la salubrité morale des grandes communes, rendez-vous secrets de tout ce qui ne songe qu'à bouleverser, à détruire, à s'approprier, au milieu de ces dévastations, les épargnes d'autrui ! quel pas rassurant dans la voie de l'ordre et de la sécurité !

La loi à faire n'atteindrait pas, bien entendu, le voyageur proprement dit qui ne fait que passer dans une ville pour son plaisir ou pour ses affaires, mais qui n'y séjourne pas à poste fixe.

Il serait pris à cet égard des précautions pour que les hôteliers et aubergistes, indépendamment du registre actuel d'entrée, fussent astreints à une déclaration spéciale à l'administration, de tout individu qui séjournerait chez eux depuis plus de 8 jours, par exemple. Cette déclaration serait réitérée rigoureusement toutes les semaines. Quand l'administration reconnaîtrait, par les circonstances de fait, que le séjour momentané à l'hôtel ou à l'auberge est devenu *une résidence*, elle appliquerait immédiatement au prétendu voyageur les dispositions ci-dessus, obligatoires pour tout résident.

A la différence des hôteliers ou aubergistes patentés, les *logeurs en garni ne pourraient recevoir aucun individu* chez eux *sans avoir préalablement répondu de leur conduite* par écrit.

Enfin, les citoyens domiciliés, autres que les logeurs, chez qui descendrait un étranger à la commune, qu'ils n'auraient pas déclaré à l'administration, répondraient *de droit*, *même sans engagement écrit*, de toute personne à laquelle ils auraient ainsi accordé l'hospitalité.

Nous avons fait écouler les eaux malsaines des grandes villes au moyen de *drainages* ; il s'agit maintenant d'y consolider et d'y affermir le sol : nous avons parlé de *pilotis*.

Comme nous l'avons dit pour les drainages, nous ne nous occupons pas des moyens de moralisation ; nous ne parlerons donc que des *pilotis légaux*, c'est-à-dire de dispositions de sûreté publique que nous demanderions encore au législateur s'il voulait nous écouter.

Suivant nous, la première loi à faire, ce serait celle, nous venons d'en dire un mot plus haut, *des logements dits en garni*. Il faut compléter ici notre pensée.

Puisque les logeurs en garni devraient *répondre* par

écrit de tous les individus qui logent ou résident chez eux, pour tous leurs actes pendant leur séjour, il faudrait, de toute nécessité, que les logeurs présentassent eux-mêmes des *garanties* rassurantes pour la société.

La loi devrait donc fixer à quelles conditions un Français, et jamais un étranger, pourrait exercer la profession de logeur en garni ; quelles garanties d'honnêteté, de moralité et de solvabilité il devrait offrir. — Nous irions plus loin, nous voudrions que le logeur fût assujéti à un assez fort cautionnement, proportionné à l'importance de ses logements, c'est-à-dire de leur valeur locative.

Des esprits stationnaires, ennemis des innovations, ou peut-être des démocrates qui ne le sont que de nom, pourront trouver notre proposition étrange et bizarre, attentatoire, c'est le grand mot à la mode, à la liberté individuelle. Nous répondrons : On exige bien des conditions des instituteurs, et l'on n'en exige pas encore assez! Pourquoi n'en pas réclamer des *logeurs*, afin d'empêcher à l'avenir le feu de couver sous la cendre dans certains taudis ou bouges, où l'on décrête tous les soirs la ruine de la société et de toutes ses institutions au profit de la *Commune*, autre mot à la mode, et du sinistre et significatif drapeau rouge?

Ce que nous voudrions, serait de relever la profession des logeurs en garnis, de faire de cette classe nécessaire, mais dangereuse, ce qu'ont été de tout temps les aubergistes en Suisse : de bons citoyens, des notables de leur endroit, des soutiens du bon ordre, des auxiliaires de l'autorité; qui sait plus tard! des magistrats municipaux, des représentants.

Si le Gouvernement, si l'Assemblée nationale le veulent, ils peuvent nous fournir ce premier et essentiel *pilotis*.

Le second, serait la révision et la modification du fameux décret du 10 vendémiaire an iv (2 octobre 1795), intitulé :

décret *sur la police intérieure des communes*, dont l'article 1ᵉʳ du titre 1ᵉʳ est ainsi conçu : « Tous citoyens habitant la « même commune sont garants civilement des attentats « commis sur le territoire de la commune, soit envers les « personnes, soit contre les propriétés. »

Ce décret, divisé en 5 titres et 39 articles, est connu par la sévérité draconnienne de ses dispositions, dont un grand nombre dépasse le but par l'excès de leurs rigueurs. La ville de Lyon, en 1831, les communes d'Oullins, de Ste-Foy et autres en 1848, et bien d'autres villes et communes de France, ont eu à payer des réparations et des dommages considérables, par suite de dégâts et de dévastations commis à ces époques. — D'après les articles 5 et 6 du titre V, la somme à payer doit être le double du dommage évalué. Suivant l'art. 3 du titre IV, une commune est responsable du dégât commis même dans une commune voisine ou éloignée, lorsque parmi les malfaiteurs on y a reconnu quelques-uns de ses habitants, qu'il lui était cependant impossible de retenir, ou dont elle ignorait peut-être la résidence toute récente sur son territoire.

Enfin, le décret frappe la commune qui n'a pas empêché le mal, même quand elle justifie qu'elle n'avait pas le moyen de s'y opposer; que la garde nationale n'y était pas organisée; qu'elle n'avait d'autre force publique que le tricorne et le sabre de son garde champêtre! — Il faut que les habitants, même sans armes, résistent à des rassemblements armés jusqu'aux dents, ou autrement la loi punit : voilà sa lettre et son esprit .

Depuis l'an IV jusqu'à ce jour, 76 ans, les recueils de jurisprudence contiennent de nombreuses applications de ce décret, dont la sévérité, salutaire mais excessive, a donné lieu aux plus graves contestations et discussions. On a même vu des tribunaux, dans des circonstances très-atténuantes, très favorables même pour des communes, les mitiger ou ne les prononcer qu'avec un regret manifeste. *Dura lex, sed lex.*

Nous n'avons pas l'intention d'analyser ni de discuter ce décret qui est un petit code édicté *ab irato*, au milieu des circonstances revolutionnaires de 1795, qui mettaient en danger le pays. Nous nous bornerons à dire ceci :

Puisqu'on punit les communes des faits, fautes et crimes de leurs habitants, *il faut qu'elles puissent empêcher le premier venu d'habiter, de résider* chez elles. Sans cette possibilité de la part des communes, le décret est d'une souveraine injustice ; aussi a-t-il été quelquefois une monstruosité dans son application.

Nous demandons donc que le décret de l'an IV soit à la fois simplifié et adouci dans ses dispositions contre les communes, révisé et complété surtout par des conditions en leur faveur, *qui les garantissent des nomades, des aventuriers, des vagabonds et des faiseurs d'insurrections, nationaux et en plus étrangers.*

Les titres II et III de ce décret, à peu près tombés en désuétude, pourraient être supprimés et remplacés, indépendamment de ce que nous venons de demander relativement *aux logements en garni* :

1° Par l'institution spéciale d'inspecteurs dans les grandes villes, dont l'unique mission serait de surveiller les logements en garni et aussi les hôtels, hôtelleries et auberges de voyageurs. Si nous étions en Angleterre, où l'on crée à volonté des mots composés, nous les appellerions des *lodging-surveyers ;*

2° Par une autre innovation, consistant à faire nommer, par l'autorité, dans chaque île de maisons de grandes villes, un propriétaire ou locataire, notable et bien famé, qui en serait *le vigiilant spécial* pendant un court temps, trois mois, par exemple. Au bout de ce temps, il serait remplacé par un autre, afin de partager l'honneur et la charge, et ainsi de suite. Son devoir de vigilance serait de recueillir tous renseignements sur chaque maison de son île, et de s'entendre avec l'inspecteur de son quartier, pour la stricte observance de la loi nouvelle sur les résidents et sur les voyageurs, par les logeurs en garni, les hoteliers et même les simples particuliers.

Le troisième pilotis serait une loi sur la garde nationale refondant les anciennes. Entr'autres dispositions, à peu près nouvelles, elle nous semblerait devoir contenir les suivantes :

1º Nul ne serait garde national s'il n'etait électeur dans sa commune, remplissant les conditions de la loi électorale ; si, quoique domicilié, il était assisté par un bureau de bienfaisance, un hospice ou une œuvre de sa religion ;

2º L'uniforme entier pour tout garde national devrait être obligatoire et à ses frais. Celui qui ne peut le faire, ou ne présente aucune garantie, ou bien a besoin de gagner sa vie et celle de sa famille, il ne faut pas l'obliger à un service qui, en lui dérobant une partie de ses journées, le prive du nécessaire, et il ne doit pas avoir le droit de s'y faire inscrire ;

3º Pour le bon ordre et pour empêcher des intrusions, le képi devrait obligatoirement porter sur le front le nº du bataillon, et au-dessous, en un chiffre plus petit, celui de la compagnie ;

4º Un brassard, d'une couleur déterminée, répétant le nº du bataillon et en plus petit celui de la compagnie, devrait être porté par tout officier, sous-officier ou garde national *de service, et seulement quand il serait de service.* Il en est ainsi dans l'armée suisse. Nous l'avons dit ailleurs : « Le brassard « oblige. Celui qui le porte doit le respecter, se respecter

« lui-même ; il doit assistance à l'autorité, il est l'auxiliaire
« de l'ordre et de la loi. Le brassard rappelle constamment
« les fonctions et le devoir ; le soldat qui en est revêtu, s'il
« manque aux obligations qu'il impose, en est d'autant plus
« coupable. »

Sans le brassard, au contraire, le soldat suisse, même en
uniforme, rentre en quelque sorte dans la vie du citoyen non
militaire ; il en serait de même du garde national.

Cet usage, importé en France, y serait d'une salutaire efficacité, au point de vue de la discipline et de l'ordre public ;

5° Le remplacement est la plaie de toute garde nationale :
à toutes les époques il en a amené le relâchement, puis la
dissolution. Il devrait être rigoureusement interdit, si ce n'est
peut-être ‖entre parents de la même compagnie, maître,
domestique et ouvrier demeurant sous le même toit ;

6° Le service de la garde nationale ne devrait jamais être
interrompu ni suspendu, même momentanément. Il est sans
doute à désirer que dans les temps calmes il soit aussi réduit et
allégé que possible ; mais ce service doit être essentiellement
continu. Dès que la garde nationale cesse de faire un service,
d'avoir des postes à elle, elle tombe en léthargie, et cette
léthargie est pour elle le commencement de la fin.

Le service continu devrait comprendre non-seulement les
gardes, mais les exercices, les manœuvres les plus essentielles,
les inspections et les revues. Que tous soient très-rares, bien !
mais qu'ils reviennent obligatoirement à des intervalles périodiques ! c'est la condition de la vie de la garde nationale ;

7° Beaucoup de gardes nationaux, et des meilleurs, trouvent le moyen de s'*exempter* du service actif, des exercices,
peut-être même des prises d'armes. Ils entrent dans l'état-
major à titre d'auxiliaires, de suppléants dans des bureaux
quelconques, dans les conseils de discipline comme rapporteurs ou greffiers, mais surtout, et c'est l'arche de salut,

dans les musiques et les fanfares. Il y a des musiques de simple bataillon aussi nombreuses qu'une demi-compagnie. — Tout ceci constitue des abus graves, d'autant plus fâcheux que ce sont, la plupart du temps, de bons citoyens qui cessent ainsi, quoique souvent très-jeunes, de figurer dans les rangs et de manier le fusil, c'est-à-dire, tranchons le mot, de donner le bon exemple et de payer de leurs personnes.

La loi devrait couper ces abus par la racine, en décidant en principe, par exemple, que tous ceux qui viennent d'être désignés, indépendamment de leur emploi spécial, seraient tenus de faire la *moitié du service actif*, gardes, exercices, revues, *et que tous seraient armés*. Ainsi la musique serait moins nombreuse et moins nourrie, nous en convenons, mais les compagnies seraient plus complètes et la sûreté publique mieux protégée...... Et c'est l'essentiel. Il y aurait moins de képis galonnés, moins d'instrumentistes, mais les rangs seraient plus compacts aux prises d'armes et les files plus nombreuses.

Voilà trois *pilotis* bien comptés que nous proposons pour consolider les marécages une fois *drainés* de nos grandes villes; nous nous bornons là! que chacun en propose autant! C'est au Gouvernement et à l'Assemblée nationale à les mettre sur le chantier, à préparer tous ceux qu'ils jugeront d'un bois bon et résistant, et à les enfoncer jusqu'au solide, de manière à ce qu'ils demeurent inébranlables. Il faut qu'avec la grâce et le pardon de Dieu, comme avec la prudence tardive des hommes si cruellement éveillée par nos épreuves, la société des villes populeuses et ouvrières puisse se reconstruire au-dessus de ces pilotis, avec confiance, sécurité et certitude de durée. Il faut enfin que le génie du mal et de la désolation ne puisse plus les abattre, ni même essayer de les pourrir en dessous, ou de les secouer violemment à la surface. — Ainsi-soit-il !

TABLE DES MATIÈRES

LE VINGT-CINQUIÈME MOBILE

PAR

Ludovic Martiny

BORDEAUX

IMPRIMERIE GÉNÉRALE D'ÉMILE CRUGY

16, rue et hôtel Saint-Siméon, 16

1871

A M. D'ARTIGOLLES,

Colonel du Vingt-cinquième Mobile.

A M. DE BASTEROT,

Chef de bataillon au même régiment.

Mon Colonel !

Mon Commandant !

Les pages qui suivent sont le récit de souffrances et de dangers au milieu desquels vous avez donné à votre entourage l'exemple de tous les courages comme de tous les dévouements.

Acceptez-en la dédicace ; et puisse ce faible hommage ne pas être trop au-dessous du bienveillant intérêt que vous n'avez cessé de porter à tous ceux qui ont eu l'honneur de servir sous vos ordres !

Ludovic Martiny.

Septembre 1871.

AVERTISSEMENT

Pour éviter toute confusion, nous devons dire, avant de commencer ce récit, que le régiment dont nous allons faire connaître les périlleuses pérégrinations était composé de trois bataillons girondins, fournis par les arrondissements de Bazas, Blaye et Libourne.

C'est donc uniquement l'histoire de ces bataillons que nous prétendons raconter, et en aucune façon celle d'autres corps levés, durant la guerre, dans le département de la Gironde.

N'ayant pas le don d'ubiquité, on comprendra aisément qu'il nous est impossible de narrer ce que nous n'avons pas vu.

LE
VINGT-CINQUIÈME MOBILE

Mon bataillon est parti de Bordeaux dans les premiers jours d'octobre 1870, ayant Bourges pour destination. Après une semaine environ de séjour dans l'ancienne cité des rois de France vaincus, qui (amère réalité) était devenue la capitale militaire de la troisième République, nous avons entrepris notre première étape, dont le but a été Vierzon.

Tous ceux qui quelque peu ont voyagé, ou pris part aux dernières actions militaires, connaissent, aux portes de la Sologne, cette petite localité dont les fabriques de porcelaines peintes ont popularisé le nom.

Les circonstances étaient terribles. Lorsque nous arrivâmes dans la ville berrichonne, Orléans venait d'être occupé par les Allemands, et la France commençait à se débattre sous les rudes étreintes de cette épouvantable agonie contre laquelle elle devait lutter quatre grands mois encore.

L'armée vaincue défila en partie sous nos yeux, et il nous fut aisé de comprendre dès les premiers jours quels dangers et quelles misères nous attendaient.

De la vie militaire je ne connaissais jusque-là que le séduisant côté; nous avions constamment vécu cantonnés ou casernés, et il était loin de notre pensée qu'en plein hiver, des hommes pour qui le métier de soldat était lettre inconnue trois mois avant, pussent vivre des trimestres entiers blottis sous ce qu'on appelle (triste ironie!) une tente-abri.

L'expérience, hélas! devait bientôt nous démontrer combien sont poignantes les souffrances qu'occasionne la guerre, et réduire aux proportions du plus navrant réalisme les récits si souvent taxés de fictions.

Nous campâmes à Vierzon, et je m'aperçus vite que les roses avaient fait place aux épines.

Le souvenir de ma première nuit au camp s'effacera difficilement de ma mémoire, et je céderais volontiers au désir d'analyser ici les impressions que j'éprouvai, si, nouveau Juif-Errant, je ne voyais se

dresser devant moi l'image de cent pérégrinations plus cruelles me criant : Marche ! marche !

J'écourte autant que possible les commencements de ma narration, pour arriver plus rapidement au jour où, vers le milieu d'octobre, nous nous trouvâmes réunis, à Salebris, aux deux autres bataillons de la Gironde qui devaient former avec nous le Vingt-cinquième Mobile.

Salebris est un maigre chef-lieu de canton, situé à peu près au milieu des plaines arides et sablonneuses de la Sologne.

Triste et pauvre pays que cette Sologne, dont les habitants rachitiques semblent être le produit d'un sol impropre à toute culture sérieuse.

Deux semaines environ nous séjournâmes dans cette contrée naturellement pauvre, qui, grâce à la présence d'une importante fraction de la future armée de la Loire, était, à courte échéance, passée à l'état de désert.

Mon régiment fut dès cette époque, et resta durant toute la campagne, embrigadé dans la deuxième division du quinzième corps, commandé par un des députés actuels, le général Martin des Pallières.

Certainement nous étions loin de jouir d'une vie confortable; campés, par des pluies torrentielles, sur des terrains détrempés, et ne pouvant, même avec

de l'argent, nous procurer que peu ou point de soulagements. Mais combien tout cela était peu de chose
(j'y ai songé bien des fois depuis), comparé à ce qui
nous était réservé !

La cour martiale commençait dès lors à fonctionner
assez régulièrement, je n'ose dire trop régulièrement;
car il fallait pouvoir se rendre compte de quels déplorables éléments était composée, en partie du moins,
notre malheureuse armée, pour s'expliquer les durs
moyens de répression dont il fallait user.

Souvent, avant la diane, un feu de peloton nous
sonnait le réveil : c'était un ou plusieurs malheureux qui expiaient des fautes quelquefois graves,
fréquemment légères.

Ils mouraient, eux aussi, pour la patrie, ces infortunés, puisque leur vie était offerte en holocauste à
cette discipline qui, on l'espérait, devait rendre à nos
troupes leur antique valeur.

Un matin, l'ordre de lever le camp arriva subitement, et, en même temps, on nous annonça que nous
allions monter en chemin de fer et accomplir un trajet
dont le but ne fut pas révélé.

Les tentes étaient à peine abattues et le paquetage
terminé, qu'un épouvantable brouillard d'automne,
promptement métamorphosé en pluie diluvienne, vint

nous assaillir. L'ordre de se rendre à la gare, dont nous étions à une faible distance, fut donné, et le mouvement prescrit s'effectua rapidement.

Il n'en fut malheureusement pas de même chez ceux qui nous précédaient et devaient s'embarquer avant nous; car, depuis deux heures de l'après-midi jusqu'à la nuit close, il fallut attendre, sac au dos, rangés en bataille, sous des averses furieuses, le moment d'entrer dans les wagons. Cet instant fortuné arriva enfin, et il nous fut loisible, imbibés d'eau comme des gens qu'on retire d'un bain, traqués par un appétit bien justifié par la suppression des repas de la journée, de songer à dormir.

Tant bien que mal, la lassitude du jour y aidant, le sommeil vint clore les paupières et procurer quelque repos.

Le lendemain, dès l'aurore, il fut aisé de constater que le train n'avait pas marché, car le clocher de Salebris se dressait toujours à notre gauche, et la locomotive était aussi immobile qu'une vieille douairière perclue de rhumatismes.

On sait, au reste, ce qu'avaient de fantastique, en ce temps-là, les transports de troupes par la voie ferrée; et nous aurons, au surplus, l'occasion de tracer plus loin le tableau de pérégrinations autrement excentriques.

La matinée se passa à parcourir quelques kilomètres, durant lesquels nous eûmes fréquemment l'occasion de faire halte. A midi environ, nous étions à
Vierzon, et, à partir de ce point, le voyage devint
plus rapide.

Nous passâmes à Tours, à Blois, et vers minuit
enfin le train s'arrêtait entre Blois et Orléans, à Mer,
département de Loir-et-Cher.

La nuit était sombre et pluvieuse, et il fallut, après
être descendu des voitures, gagner, guidés par quelques feux de bivouac, le campement choisi.

Bientôt nous nous aperçûmes que le terrain sur
lequel nous marchions n'était plus le même. Au lieu
du sable de la Sologne, criant à chaque pas sous les
pieds, c'était une terre grasse prenant aux chaussures
et rendant la marche pénible. Il fut aisé de comprendre que nous foulions le sol beauceron.

Un champ de blé fut désigné comme emplacement
pour le régiment ; les faisceaux se formèrent en silence
(on n'est pas bavard dans ces moments, je vous le jure),
et chacun put songer à l'édification de son palais.

Quelle nuit, quand j'y réfléchis! S'étendre, exté-
nué de fatigue, sur un lit boueux, roulé dans une
mauvaise couverture ; grelotter, avoir faim, et n'être
préservé contre les intempéries de la saison que par
deux mauvaises toiles, sur lesquelles glisse peut-

être l'eau, mais sous lesquelles assurément s'engouffre un vent glacial !

Que de sourdes rages il faut étouffer ! que de cris d'indignation on fait taire ! combien de blasphèmes expirent sur les lèvres ! C'est décidément un bien affreux fléau que la guerre, et ils sont bien coupables ceux qui la font ou la poétisent.

Dès que l'aurore, aux traditionnels doigts de rose, eut ouvert les non moins traditionnelles portes de l'Orient, au fond d'un vallon nous apparut, coquette et souriante, la petite ville de Mer.

De tous les autres côtés, l'horizon monotone n'offrait aux regards que l'aspect désolé d'immenses plaines à peu près ravagées.

Petit à petit il fut plus facile, vu le voisinage d'un centre assez important, de se procurer certaines choses propres à adoucir les rudes conditions d'existence qui nous étaient faites.

Il circulait, au reste, à cette époque, on se le rappelle, des bruits d'armistice et de paix, dont l'écho faisait bondir de joie le cœur de tous les malheureux éloignés de leurs familles, et condamnés désormais à une vie de périls et de privations.

Ces rumeurs de bon augure ne devaient, hélas ! avoir aucune suite bienfaisante.

Le 8 novembre au matin, nous levâmes le camp, et après avoir escorté toute la journée un convoi de vivres et bivouaqué, le soir même, quelques kilomètres après Beaugency, à Cravant, le lendemain nous poursuivîmes notre route. Nous ne nous doutions guère qu'avant la fin de la journée nous aurions, selon l'expression consacrée, reçu le baptême du feu.

Je n'ai pas besoin de le rappeler, car tout le monde s'en souvient, c'est le 9 novembre 1870 que le général d'Aurelles de Paladine gagna la bataille de Coulmiers!

C'est aussi dans ce jour de victoire que les mobiles de la Gironde firent connaissance avec le sinistre sifflement des obus prussiens.

Tous ceux que leur destinée a conduits sur les champs de bataille et préservés du danger, savent quelles atroces émotions il faut maîtriser pour ne pas reculer, et combien l'homme se sent petit en face de cette épouvantable image de la mort.

Il en est qui, pâles et tremblants au moment critique, prétendent, cet instant disparu, n'avoir rien éprouvé. Je n'ai jamais pu le croire. Pour mon propre compte, j'avoue avoir eu peur, avoir tremblé, et fait des réflexions bien sérieuses.

Certes, quoi qu'on en dise, c'est un grand soulage-

ment, dans ces circonstances, de pouvoir interroger son passé sans y trouver une mauvaise action, et de se dire, les premiers mouvements de faiblesse réprimés : Je puis tout braver, puisque j'ai la conscience nette.

Je ne suis pas plus religieux qu'un autre, je fais même bon marché des préjugés, mais j'ai toujours cru à l'existence d'un Être suprême, et j'avoue sincèrement que, dans ces terribles moments, j'en ai imploré la clémence.

Inutile de narrer la bataille de Coulmiers, à laquelle nous n'avons fait qu'assister l'arme au pied sans éprouver de pertes, et dont on a, au reste, assez raconté et exagéré les glorieuses péripéties.

Les victoires ont toujours des historiens ; il n'y a que les défaites qui n'en comptent pas. L'éternel mot du *Brenn* gaulois : *Væ victis !*

A la nuit, les Prussiens étaient en pleine déroute, et l'on n'apercevait plus à l'horizon que les flammes consumant des fermes incendiées par le canon ou les mains de l'ennemi. Profitant de la lueur d'un de ces sinistres phares, on nous fit bivouaquer tout près du village de Coulmiers, au centre même du champ de bataille.

S'il est dans la vie de ces spectacles dont le souvenir se grave pour toujours dans la mémoire, c'est bien

assurément celui qui me frappa de stupeur dans cette soirée mémorable.

Çà et là des morts épars gisant sur le sol, des armes de toute nature échappées aux mains des blessés, des cris de douleur ou des râles d'agonie sortant des bouches d'hommes expirants.

Pas de pain, pas de breuvage, une pluie épouvantable, et la défense expresse de toucher au paquetage. C'est à peine si les plus favorisés ou les plus adroits pouvaient trouver au village incendié quelques fagots de paille qu'ils rapportaient au bivouac pour ne pas s'étendre complètement dans la boue.

Elle fut bien affreuse, cette nuit, durant laquelle on n'entendait, à d'assez rares intervalles, que quelques coups de fusil tirés par des malheureux blessés cherchant à attirer l'attention sur eux.

Le jour vint éclairer un tableau plus écœurant encore. Les cadavres que nous n'avions fait qu'entrevoir la veille, humectés pendant la nuit par la pluie, avaient cette teinte jaunâtre, signe précurseur de la décomposition, qu'excellait à reproduire, par le pinceau, Horace Vernet.

Le sang, sorti des blessures béantes et mélangé d'eau à cette heure, était d'une nuance rouge pâle. Les cheveux et la barbe commençaient à se déraciner, ou plutôt semblaient suivre la peau plissée et prête à

se découper en lanières, comme si elle eût éprouvé le contact de l'eau bouillante.

Il y aurait à peu près un volume à écrire si on voulait s'occuper de l'attitude des morts. Des observateurs plus autorisés que moi en ont déjà dit long sur ce sujet à propos des guerres précédentes, et je ne doute pas que de savantes études ne soient encore inspirées par le même objet. C'est en effet tout un travail scientifique et historique qu'il y a à entreprendre là-dessus, car nulle part l'hétérogénéité des races n'est plus accentuée que dans la physionomie et la position des cadavres.

Le jour qui suivit le combat fut plus dur, en quelque sorte, que celui de la bataille. De 9 heures du matin à 5 heures du soir, il fallut avancer en bon ordre sur un terrain gras, dans lequel on enfonçait jusqu'à la cheville. Sans pain, comme la veille, nous campâmes le soir autour du village de Saint-Sigismond. Là, de même qu'à Coulmiers, l'aspect était navrant! Des cadavres, partout des cadavres! aux portes des maisons, dans le cimetière, au seuil même de l'église, transformée en hangar de cantonnement par les Allemands. Enfin, après une nuit un peu moins pénible que la dernière, nous gagnâmes le lendemain Orléans, où nous entrâmes à la nuit close.

Quatre kilomètres environ avant la ville, les forces me manquèrent, et je fus contraint de monter sur une voiture de bagages. Depuis trois jours je n'avais rien mangé de substantiel, et la fièvre m'avait rongé durant toute la semaine précédente. Mes pieds étaient enflés et endoloris, et j'appréhendais de me déchausser, craignant avec raison de ne plus pouvoir remettre mes souliers.

La nuit était close et l'heure même avancée, je l'ai déjà dit, quand nous arrivâmes sur le Mail. On nous dit de camper ou de bivouaquer pour attendre le jour et les distributions de vivres. Chacun se mit en quête d'un peu de nourriture. Les cafés, restaurants et hôtels regorgeaient d'hôtes. On y remarquait en grande quantité (il faut leur rendre cette justice) des membres galonnés de la Société internationale de secours aux blessés, et des francs-tireurs non moins galonnés et empanachés. A la vérité, nous avions peu vu de... *ces gens-là* la veille et surtout l'avant-veille. Le bruit de la mitraille était peut-être contraire au tempérament de ces messieurs; et puis j'ai appris, par la suite, que les francs-tireurs occupaient toujours l'extrême droite des corps d'armée. Par exemple, je n'ai jamais su au juste où était située cette extrême droite, ce qui m'a laissé la conviction intime qu'elle devait se trouver quelques lieues en arrière des lignes

de bataille! Quant aux philanthropiques infirmiers de la Société internationale de secours aux blessés, l'expérience m'a démontré, depuis, qu'en face de l'ennemi c'était un mythe, une chose impalpable.

Après avoir vainement tenté de trouver un asile chez cinq ou six traiteurs, j'entrai, sous prétexte d'acheter du chocolat, chez un épicier. Le brave homme avait installé dans son arrière-boutique une espèce de salle à manger. Moyennant une faible rémunération, il me procura un frugal repas, et je pus ainsi réparer mes forces. Restait la question du logement. Un excellent notaire, voisin de mon amphytrion, aplanit cette difficulté. Affectueusement, on m'introduisit dans une chambre ornée d'un lit *authentique*, et je pus, bonheur inexprimable, me déshabiller et dormir confortablement.

Malheureusement, au réveil, un contre-temps fâcheux vint empoisonner ce moment fortuné. Lorsque je voulus chausser mes souliers, je me heurtai tout simplement à une impossibilité! Une heure durant, je m'ingéniai inutilement à faire entrer un contenant trop grand dans un contenu trop petit. Bon gré, mal gré, il fallut y renoncer, et pratiquer des soupapes aux babouches du Gouvernement de la défense nationale. Quelques instants plus tard, je prenais congé de mon hôte obligeant et rejoignais mon régiment. On nous

caserna pendant la journée dans un ancien couvent de religieuses, et pendant trois jours nous jouîmes d'un repos mitigé par des exercices peut-être trop fréquents.

De mon court séjour dans la cité que délivra Jeanne d'Arc, je n'ai emporté qu'un souvenir. Mais comme ce souvenir se rattache à un fait qui peint bien l'époque, je crois assez instructif d'en consigner ici le récit.

Le dimanche qui suivit notre entrée, c'est-à-dire le 13 novembre, la garde nationale s'assembla à la mairie. Pour la circonstance, les officiers de tous grades appartenant à cette milice civique exhibèrent leurs plus riches costumes et leurs plus brillants galons, et, dans un saint accès d'enthousiasme, les soldats-citoyens jurèrent qu'ils ne repasseraient plus sous les fourches caudines de *Von der Thann.* Ils étaient loin de se douter, ces braves bourgeois, que les guerriers de Bismark viendraient une seconde fois fumer leurs calumets de porcelaine auprès de la statue équestre représentant la vierge de Domremy. Il est vrai de dire que ce chaleureux élan se calma par la suite, et que les interprètes d'airs de bravoure en montrèrent peu dans l'adversité.... Mais passons. Bref, on en fut quitte pour une manifestation plus bruyante que patriotique, et tout rentra dans l'ordre; ou plutôt les

gardes nationaux rentrèrent chez eux, et les troupes allèrent, quelques lieues en avant d'Orléans, s'établir sur les terrains détrempés de la Beauce.

Si je voulais relater les misères, les souffrances, les maladies de toutes sortes qui, durant quinze jours, nous assaillirent dans ces campements infects, je n'en finirais pas. La petite vérole, la rougeole et les douleurs rhumatismales semblaient avoir formé contre nous une coalition fatale. Il pleuvait assez régulièrement, ce qui contribuait puissamment à aggraver notre situation, et les compagnies diminuaient à vue d'œil, eu égard au nombre infini d'hommes entrant chaque jour dans les ambulances.

Nous restâmes une huitaine de jours à Gidy, autant environ à Chevilly, installés dans les mêmes conditions, et, le 2 décembre au matin, l'ordre de lever le camp fut donné.

Je ne sais de quelle source malhonnête émanait le faux bruit qui fut habilement répandu parmi les troupes au moment du départ. Mais je dois avouer qu'il fallait être bien certain de l'insuccès pour s'efforcer de ranimer des courages que l'on supposait sans doute éteints par des paroles aussi mensongères.

Jamais il ne m'est venu à la pensée que la nouvelle controuvée qui annonçait l'arrivée victorieuse

du général Ducrot à Étampes, eût pu éclore même dans les hautes sphères de l'armée de la Loire.

Où donc alors avait pris naissance ce bruit erroné? Je ne saurais le dire.

Tout ce que je puis faire, c'est en garantir l'authenticité, et constater que, en ce temps-là, il se passait des choses passablement scandaleuses.

Il pouvait bien être dix heures du matin quand nous traversâmes le bourg du canton d'Arthenay. Quelque cent mètres après, on nous fit abandonner la route pavée qui conduit de Paris à Orléans, et entreprendre à travers champs, en ordre de bataille, une marche lente et fréquemment interrompue par des haltes plus ou moins longues.

Sur notre gauche, le canon grondait toujours sans discontinuer, et tout annonçait que l'action était engagée assez chaudement de ce côté-là. Néanmoins nous avancions toujours dans la direction opposée. Postérieurement, j'ai appris que les troupes ennemies auxquelles nous devions avoir affaire sur la droite, s'étaient portées sans qu'on le sût sur la gauche.

Vers les trois heures de l'après-midi, on ordonna d'établir les tentes tout à côté d'un hameau dont je n'ai jamais su le nom.

Le paquetage était à peine défait, qu'il nous fallut

précipitamment le refaire et se porter vivement du côté où tonnait le canon.

Au mois de décembre, les jours sont courts. Aussi, lorsque nous arrivâmes sur les lieux de l'action, le feu cessait de toute part, grâce à la venue de la nuit.

La neige commença à tomber avec les ténèbres, et nous passâmes environ douze heures de temps, à peu près, sans feu.

Plus heureux que le grand nombre, je me blottis dans une meule de paille, et pus ainsi goûter quelques heures de repos.

Avant le jour, on nous fit opérer un mouvement de recul, et l'aube vint éclairer nos lignes de bataille devant Arthenay.

Durant la première partie de la matinée, rien de saillant (si ce n'est quelques coups de feu assez rares, préludes ordinaires de toutes les affaires) n'appela notre attention.

A dix heures, approximativement, notre artillerie était rangée en batterie quatre ou cinq cents mètres devant nous, et quelques instants plus tard la bataille commençait.

Une heure au moins l'avantage resta incertain. Nos batteries changeaient peu ou point de place, et celles des Prussiens n'avançaient pas.

Tout à coup, l'ennemi sans doute ayant reçu du

renfort, nos artilleurs commencèrent à se replier, et nous dûmes les imiter. Alors commença ce funeste mouvement de retraite qui dura deux jours, occasionna de si cruelles pertes, et nous força finalement à évacuer Orléans.

A midi, nous étions en première ligne, et jusqu'au soir nous occupâmes ce poste périlleux.

Lorsque je rassemble mes souvenirs et me rappelle les atroces péripéties de ce drame lugubre, je ne puis m'empêcher de frissonner. — J'entends encore les effroyables détonations de toutes espèces, les cris de douleur des blessés.

Reculer de cinquante, cent ou deux cents mètres, prendre de nouvelles positions, et de nouveau faire face à l'ennemi, voilà quelle fut, sous une grêle de projectiles meurtriers, durant cette après-midi néfaste, la tâche qu'il nous fallut remplir.

On avait établi, en avant du village de Chevilly, des batteries d'artillerie de marine d'une puissance exceptionnelle qui, tant que l'ennemi se trouva sous leur feu, vomirent la mort dans ses rangs.

Malheureusement, à la nuit tombante, soit fausse manœuvre de notre part, soit habileté de la part des Prussiens (un peu l'un et l'autre, je suppose), ces canons immobiles étaient réduits à l'impuissance par un mouvement tournant.

Les dernières lueurs du jour éclairèrent un combat furieux.

Le flanc des pièces de marine fut couvert avec de l'artillerie de campagne et des mitrailleuses, et, acculés sous les murs de la bourgade, nous dûmes supporter un assaut que je n'oublierai jamais.

Depuis la fin des hostilités, on s'est assez généralement habitué à faire bon marché des armées improvisées qui, au prix de si cruels sacrifices, ont disputé bravement le territoire aux vainqueurs. Cependant, si, à cette heure solennelle et terrible, on eût vu ces soldats d'hier impassibles devant la mort, on leur reprocherait moins la honte du pays. — Si dans une compagnie on eût vu tomber, frappés par les éclats du même obus, deux officiers et douze hommes, on comprendrait peut-être que le manque de matériel de guerre nous trahissait seul. Mais non, il est plus facile, aujourd'hui que le danger est loin, d'accuser les troupes, les officiers de lâcheté et les généraux de trahison.

Trahis, oh! certes oui, nous l'avons été! Par la fortune un peu, et par l'insuffisance des moyens beaucoup.

Oui, elle fut héroïque, je puis le dire, et tous ceux qui s'y trouvaient l'affirmeront, comme moi, cette résistance opposée le 3 décembre au soir devant Che-

villy. Oui, ils firent jusqu'au bout leur devoir, les hommes qui étaient là; et, s'ils échouèrent, la responsabilité de cet échec ne leur incombe pas.

Elle pèse, accablante et terrible, sur la tête de tous les ambitieux, de tous les incapables, de tous les naïfs qui avaient enfourché le dada funeste de la guerre à outrance.

L'obscurité arrivée, force fut d'évacuer Chevilly, et, à travers un bois épais, on dut regagner Cercotte, mince bourg situé à peu près à quatre kilomètres d'Orléans.

Lorsqu'on n'a pas été témoin de semblables débâcles, il est bien difficile de s'en faire une idée exacte.

Ce ne sont plus des régiments, des bataillons, ou des compagnies effectuant une retraite plus ou moins régulière. Ce sont des hommes effrayés, ahuris, n'ayant guère plus conscience de leurs actions, fuyant sans trop savoir quelle direction est la bonne.

Ils sont démoralisés, leurs chefs ont été tués ou faits prisonniers, leurs forces les trahissent à chaque pas, et la plupart tombent exténués de fatigue.

A Cercotte, toutes les maisons étaient remplies de soldats de toutes armes débandés, attendant l'aurore du lendemain pour retrouver leurs corps.

Il y avait bien trente hommes au moins entassés dans une pauvre chaumière, je fis le trente-unième,

et, après avoir soupé d'un morceau de pain, je m'étendis sur les carreaux, roulé dans ma couverture.

Au point du jour, je rejoignis en nombreuse compagnie les débris de mon régiment.

Malgré les vides existant, par suite de blessures, dans nos cadres, on nous reforma, et nous allâmes prendre position devant le taillis épais traversé la veille.

Pour l'intelligence des faits qui vont suivre, il est indispensable de donner ici quelques indications sur la forme de cette petite forêt de Cercotte, qui devait, dans cette journée néfaste, acquérir une si triste célébrité.

Le village est traversé par la route d'Orléans à Paris. A cinq cents mètres environ, sur la gauche du hameau, le bois en question se termine, offrant l'image d'un angle droit, dont le premier côté remonte vers la grande voie, et le second suit parallèlement au bourg la direction d'Orléans.

Sous les murs de la bourgade était creusée une tranchée, offrant un abri en cas de retraite, et qui servit, en effet, à cet usage, comme on va le voir.

C'est environ trois cents mètres en avant de ce retranchement que nous fûmes rangés en bataille pour commencer le feu.

Des tirailleurs furent envoyés pour fouiller le bois, et, vers neuf heures, les détonations commencèrent à devenir de plus en plus fréquentes.

Insensiblement les ennemis se trouvèrent mêlés, en quelque sorte, à nos tirailleurs (qui n'avaient pu se replier), et commencèrent, abrités derrière la lisière touffue des taillis, des feux de peloton meurtriers sur nos lignes de bataille.

Nos soldats tinrent bon et envoyèrent dans la direction des Prussiens balle pour balle. Malheureusement nos coups n'atteignaient pas un ennemi adroitement embusqué, dont les rangs grossissaient à chaque instant; et les siens semaient la mort parmi des hommes qui n'offraient aux projectiles d'autre rempart que leurs poitrines.

Forcément il fallut battre en retraite et courir à la tranchée.

Hélas! il nous fut bien fatal ce mouvement de recul.

Les Allemands, nous voyant céder, sortirent du bois en masse compacte, hurlant orgueilleusement leur maudit Hurrah! et dirigeant sur nous des grêles de balles.

Mon pauvre régiment souffrit beaucoup, et les désastres de cette journée maudite ont creusé, dans le cœur de bien des familles girondines, des plaies que le temps sera impuissant à cicatriser.

Mon capitaine et mon lieutenant furent blessés, mon sergent-major resta sur le champ de bataille avec de nombreux soldats.

Il en fut un peu plus ou un peu moins de même dans toutes les autres compagnies, et si je ne cite que ces trois exemples, c'est que, s'étant passés sous mes yeux, ils se sont plus particulièrement gravés dans ma mémoire.

On tint un moment à la tranchée, puis, de nouveau, il fallut se replier et recommencer jusqu'au soir la manœuvre de la veille, c'est-à-dire : reculer, prendre d'autres positions, et, constamment, faire face à l'ennemi.

A la nuit, les derniers retranchements qui protégeaient la ville tombèrent un instant aux mains des Prussiens, mais furent bientôt occupés de nouveau par les Français.

Bien qu'inférieurs en nombre, nos soldats se battirent avec un acharnement sans égal, et infligèrent, dans ce combat nocturne, des pertes considérables à l'ennemi.

Malheureusement, lorsque, après le retour du parlementaire envoyé vers le général allemand, les troupes reçurent mystérieusement l'ordre de repasser la Loire sans bruit, tous les courages s'évanouirent, et le désordre pénétra dans tous les rangs.

Le récit de la bataille est terminé. Maintenant il ne me reste plus qu'à commencer celui de la retraite, qui dura six jours et six nuits, et fut aussi accablante pour l'armée qu'elle était désastreuse pour la patrie.

Tous les corps étaient à peu près démembrés, et la grande route d'Orléans à Bourges offrait, dans la nuit du 4 au 5 décembre, un spectacle bien propre à faire réfléchir certains énergumènes, s'ils en eussent été spectateurs.

C'étaient des hommes aux visages noircis de poudre, aux uniformes de toutes espèces, de la bouche desquels ne sortaient qu'imprécations et plaintes.

Des pièces ou des caissons d'artillerie, péniblement traînés par un nombre insuffisant de chevaux chancelants de fatigue, stimulés par les coups redoublés de conducteurs exaspérés.

Ici, dans le fossé de droite, une bête à bout de force, abandonnée par les artilleurs; plus loin, dans celui de gauche, un soldat mourant de faim.

Voilà quel fut, durant six jours et six nuits (car on marchait autant avec l'obscurité qu'avec la lumière), l'horrible spectacle dont nous fûmes témoins.

Dire tous les militaires qui disparurent pendant cette série de marches forcées, est impossible! Les uns entraient dans les ambulances; les autres, c'est

triste à dire, restaient en arrière pour être faits prisonniers; et les derniers, les *habiles*, parvenaient à s'éclipser si promptement, qu'ils trouvaient le moyen de rentrer dans leurs foyers et de ne plus reparaître à l'armée.

Seul, un certain noyau marchait résolûment, suivant les officiers dont il avait apprécié le courage.

Puisque l'occasion s'offre si naturellement, je dois dire qu'il y avait à la tête du Vingt-cinquième Mobile un colonel et trois chefs de bataillon dont les noms étaient devenus, aux yeux de tous, dans le régiment, synonymes de la plus rare bravoure.

Je passe sous silence une grande quantité de péripéties écœurantes, dont, au reste, les journaux du temps ont fourni des récits circonstanciés.

Dès que nous fûmes hors de portée des Prussiens, on nous fit accomplir une série de marches et de contre-marches auxquelles, je l'avoue, je n'ai jamais rien compris, mais que j'ai toujours entendu taxer, par les malins, de *mouvements simulés*.

La veille de la fête de Noël, le 24 décembre, Vierzon nous ouvrit de nouveau ses portes (ceci n'est qu'une façon de parler), et nous fûmes cantonnés.

Le repos, un bien-être relatif, et surtout une nourriture passable, rendirent promptement, à tous ceux

qui étaient doués d'un tempérament quelque peu robuste, santé et énergie. Des chaussures, des vêtements furent distribués, et bientôt, quoique sensiblement diminué, le régiment présenta encore un aspect sinon imposant et martial, du moins satisfaisant.

Les cadres furent refaits, grâce à une avalanche de nominations d'officiers, justifiée par la perte ou la disparition des précédents chefs, et tout recommença à fonctionner régulièrement.

Il faut avoir été témoin des souffrances endurées par les pauvres troupes durant cette funeste retraite d'Orléans, pour avoir une idée exacte de l'état de dislocation qui régnait dans chaque corps.

Vers les premiers jours de janvier, nous fûmes informés que nous allions être dirigés sur l'Est, et, presque immédiatement, l'ordre arriva d'aller à Bourges prendre le chemin de fer.

C'était une nouvelle campagne qui allait commencer. Campagne terrible, durant laquelle nous allions vider jusqu'à la lie ce calice d'angoisses dont la première gorgée nous avait semblé si amère.

Si les historiens futurs cherchent jamais à établir un parallèle quelconque entre les guerres que le premier Empire fit glorieusement et celle que le second nous légua, ils trouveront assurément, dans cette

cruelle expédition de l'Est, un périlleux diminutif de l'épouvantable retraite de Moscou.

Jusqu'à Dijon, le voyage s'effectua lentement, mais sans encombres.

Arrivés au sein de la cité bourguignonne, il fallut arrêter le train, le garer, et attendre que le télégraphe transmît l'ordre d'avancer de nouveau.

Ici, bien que la lenteur de ce mouvement de transport de la première armée de la Loire sur la Franche-Comté ne soit un mystère pour personne, aujourd'hui je me vois contraint d'entrer dans quelques explications.

On avait expédié avant les convois d'infanterie des trains chargés d'artillerie et de cavalerie. Naturellement, le débarquement du matériel nécessaire à ces deux armes réclama un certain temps, et comme ce retard, si élémentaire pourtant, n'avait pas été prévu, il ne tarda pas à régner sur toute la ligne un très-grand encombrement.

Alors, il fallut faire jouer sans discontinuer le télégraphe, arrêter à tous pas les wagons, et finalement faire séjourner presque une semaine durant, en certains lieux, différentes parties des corps d'armée.

Pour notre compte, nous restâmes quatre jours à Dijon.

Il faut bien le dire, ces mouvements de troupes,

opérés par la voie ferrée, auraient présenté, si les circonstances n'avaient pas été si graves, quelque chose de vraiment comique.

Les wagons servaient de chambre à coucher.

Dès que l'appel du matin était terminé, la fontaine de la gare se métamorphosait en cabinet de toilette.

Bras de chemises retroussés, cols rabattus, les soldats se pressaient autour des robinets, et s'efforçaient, à grandes doses d'eau, de rendre un peu de fraîcheur à leurs visages hâlés.

Sur une portion de voie inoccupée fumaient quelques feux de bivouac, devant lesquels bouillaient les maigres pots au feu de l'ordinaire.

Puis c'étaient des jeunes filles, des jeunes femmes mornes et silencieuses, contemplant tristement à distance cet assemblage de misère et d'insouciance, et soupirant avec amertume : Mon frère! Mon fiancé! et quelquefois, Mon mari!

Un peu plus loin, des mobiles échangeaient avec quelques gamins des décharges de boules de neige, et semblaient chercher, dans le souvenir de ces luttes enfantines, l'oubli de celles du présent.

Les plus huppés se répandaient dans la ville, avides de savourer les douceurs que l'argent pouvait leur procurer.

A la nuit, tout rentrait dans le calme, chacun se

blottissait dans un coin de voiture, faisant intérieurement des vœux ardents pour que la journée du lendemain ressemblât à celle qui venait de s'écouler.

Nous partîmes un beau soir avec les ténèbres, et le lendemain, à quatre heures de l'après-midi, le chemin de fer nous déposait à Clerval, trente-six kilomètres après Besançon, sur la route de *Montbéliard*.

Une épaisse couche de neige dérobait les champs aux yeux, et d'immenses feuilles de verglas recouvraient les routes. Il faisait un froid horrible; les physionomies exprimaient, comme le paysage qui se déroulait devant nous, le désespoir.

A gauche de la voie, on nous fit former les faisceaux sur une prairie pour attendre les distributions de vivres.

La nuit venue, on se mit en marche, et alors commença l'étape la plus pénible dont j'aie souvenance.

Toute la partie du département du Doubs qui s'étend entre Besançon et la Suisse est, on le sait, hérissée de montagnes plus ou moins escarpées qui ne sont autre chose que les contre-forts des Alpes.

C'est à travers ces sites accidentés que, de six heures du soir à trois heures du matin, nous cheminâmes dans les conditions suivantes :

Les hommes, chargés de leur bagage ordinaire

d'abord, et des vivres de campagne ensuite, avançaient péniblement sur un terrain gelé et glissant. En outre, il fallait user de la plus grande prudence, eu égard à l'obscurité qui masquait les obstacles de toute nature, et veiller à respecter les lois de l'équilibre à chaque descente; ce qui était bien difficile, pour ne pas dire impossible.

Aussi n'était-ce, à tous les instants, que chutes et imprécations.

J'ai remarqué, le lendemain, que ce qu'on appelle les objets de campement, c'est-à-dire les grandes marmites et les grands bidons, étaient complètement aplatis. Ce phénomène s'expliquait assez par les affaissements réitérés des porteurs.

Vers le milieu du parcours, nous commençâmes à entendre, à de rares intervalles, de sourdes et lointaines détonations.... C'était le bombardement de Belfort!

Après avoir pris un repos de cinq ou six heures dans un village dont le nom m'échappe, on bivouaqua dans la journée à Sainte-Marie, hameau situé à une faible distance de Montbéliard.

Le lendemain, c'était le 15 janvier 1871, l'ordre de se porter en avant fut donné dès l'aurore. Sainte-Marie traversé, et deux ou trois kilomètres franchis, le bruit du canon et de la fusillade vint nous annoncer qu'une action était engagée.

Notre division faisait partie de la réserve de l'armée; aussi passâmes-nous cette journée à suivre de loin le mouvement victorieux des troupes françaises.

Le soir, nous allâmes former les faisceaux au centre du champ de bataille, quatre kilomètres à peu près avant Montbéliard, et un approximativement après le bourg de Dun.

Je vais entreprendre la description des bivouacs de l'armée de l'Est; si cette peinture semble exagérée aux yeux de quelques-uns, et que le récit des souffrances auxquelles on était en proie paraisse surhumain aux sceptiques, j'aurai du moins, pour justifier ce que j'avance, le témoignage de mes nombreux compagnons d'infortune.

Le sol était recouvert par un manteau de neige d'environ trente centimètres de hauteur. La première condition pour allumer du feu était donc de nettoyer d'abord l'emplacement du foyer, ce qui se faisait à l'aide de grandes gamelles en fer battu, converties pour la circonstance en pioches de terrassier. Ce travail accompli, il fallait se procurer du bois et parvenir à l'enflammer, opération difficile s'il en fut, car toutes les branches d'arbres étaient imbibées d'eau.

Lorsque ces premières difficultés étaient surmontées, on s'asseyait sur un sac ou sur un fagot, et, insuffli-

samment protégé contre les intempéries de la saison par une couverture habituellement humide, on cherchait, problème insoluble, à prendre quelque repos.

Un vent glacial donnait des frissons dans le dos, et une fumée épaisse, occasionnée par les bûches vertes, faisait larmoyer les yeux, quand elle ne paralysait pas la respiration.

On mangeait, si la bonne étoile de chacun le permettait, car, en ce temps, les routes étaient tellement impraticables que les convois de vivres n'arrivaient plus. Aux derniers jours de cette longue agonie de l'armée française (je cite ici ce fait, parce qu'à lui seul il en dit plus que bien des pages noircies inutilement), j'ai vu distribuer deux pommes de terre par jour et par homme. Le café, si par hasard on était assez heureux pour en posséder, ne se faisait plus avec de l'eau, mais bien avec de la neige fondue.

Et pourtant, au milieu de toutes ces horreurs, il fallait rire, se griser moralement; en un mot, enfin, faire contre mauvaise fortune bon cœur.

Celui-ci fredonnait un refrain égrillard; celui-là racontait une aventure quelque peu légère; bref, tous cherchaient à s'étourdir.

Heureux cent fois encore ceux qui, à ces heures terribles, peuvent ne pas songer au présent, et ne penser qu'au passé ou à l'avenir!

Pour ces hommes, tout se réduit à souffrir physiquement, et généralement ce ne sont pas ces souffrances-là qui tuent.

Nous sommes restés trois jours, en ordre de bataille, devant Montbéliard, supportant le feu d'une artillerie colossale. Le 16 janvier particulièrement, l'après-midi a été affreuse pour nous. C'était une grêle d'obus énormes, dont les éclats fauchaient les hommes immobiles l'arme au pied. Notre rôle consistait à soutenir un combat de canons. Deux heures durant, les Prussiens firent pleuvoir sur nos têtes le plus épouvantable assortiment de mitraille que l'instinct de la destruction puisse imaginer.

Le général de division, témoin de l'attitude énergique du régiment, dans cette situation plus que critique, le fit, le lendemain (incident glorieux, dont je suis heureux et fier de consigner ici le souvenir), citer à l'ordre du jour.

J'esquisse à grands traits le gros de la bataille, et je m'abstiens d'entrer dans des détails que des plumes plus autorisées que la mienne ont déja fournis et fourniront encore.

Mon but unique, en écrivant cette histoire, du Vingt-cinquième Mobile, est de raconter le rôle joué par les enfants de la Gironde dans les armées de la

Loire et de l'Est, et non d'apprécier les mouvements stratégiques. C'est un *memento* pour mes anciens compagnons d'armes, un récit succinct pour le public.

On se rappelle comment l'arrivée du général de Manteuffel contraignit Bourbaki à battre en retraite au moment même où il touchait la victoire du doigt.

Il ne m'appartient pas de répondre aux accusations au moins étranges qui pesèrent sur la tête du commandant en chef de l'armée de l'Est. Tout ce que je puis affirmer, c'est que, durant la série de marches qui suivit la bataille, il me fut donné une fois de voir le général de très-près, et qu'en examinant sa physionomie, on y remarquait les traces d'un désespoir dont sa conduite ultérieure devait donner un énergique spécimen.

C'était, si mes souvenirs sont exacts, le troisième jour de la retraite de Montbéliard. Il pouvait être deux heures de l'après-midi, et nous marchions depuis le matin même heure. Le terme de notre étape était Baume-les-Dames, sous-préfecture du Doubs, dont nous approchions.

Comme toujours, les vivres manquaient à peu près généralement, bien que la veille on eût fait un semblant de distribution.

Suivi d'une partie de son état-major, le général vint à passer à côté de nous. Avisant sur le sac d'un sergent d'une compagnie qui marchait derrière la mienne un morceau de pain d'un mince volume, il lui demanda depuis quand et pour combien de temps on lui avait donné cette ration?

—Hier, et pour deux jours, répondit le sergent.

La fraction de *boule de son* pesait bien une demi-livre.

Comme un homme qui sent sa tête s'amollir sous les coups reitérés de la fatalité, le général saisit son front entre ses mains, resta un instant pensif, puis, ayant appelé un officier d'ordonnance, il le pria d'aller lui chercher le commandant de la brigade.

Point n'était besoin d'être perspicace pour comprendre l'anxieuse position du chef de corps qui, n'ayant sous la main que des éléments insuffisants, marchait fatalement de désastres en désastres.

Je livre à la publicité ce fait, dont j'ai été témoin oculaire et auriculaire, espérant qu'il convaincra peut-être certains lycanthropes habitués à lancer des anathèmes à la tête de tous les généraux.

J'ai déjà énuméré les horreurs de toutes espèces qu'il fallait endurer dans les bivouacs les nuits de bataille; il est donc inutile que je trace ici un second

tableau des souffrances de même nature qui nous assaillirent durant la retraite.

Nous passâmes quinze nuits de suite couchant dans la neige, mal vêtus, mal chaussés, et mangeant tout juste assez pour ne pas mourir. — La dose d'énergie qu'il fallut fournir pour arriver au bout est indicible.

Notre division était précisément une de celles chargées de protéger le passage en Suisse de l'armée entière. C'est assez dire par là que nous étions à peu près sacrifiés.

Les 25 et 26 janvier, nous dûmes soutenir devant Busy, à huit kilomètres de Besançon, de sanglantes escarmouches, dans lesquelles nous laissâmes nombre de nos plus braves compagnons. L'ennemi nous enveloppait de toute part; il ne nous restait plus comme unique ressource que de nous jeter dans la place; mais auparavant il fallait, autant que possible, en retarder le complet investissement.

Dans la nuit du 27 au 28 janvier, nous évacuâmes le village de Busy pour aller occuper celui de Pugey, situé environ trois kilomètres plus loin. Avant de partir, on nous fit (vieille ruse de guerre), je me le rappelle, fortifier les feux de bivouacs.

On s'installa comme on put à Pugey; il n'aurait pas

fallu, au reste, songer à aller plus loin, car toutes les forces étaient dépensées.

La dyssenterie avait remplacé, dans nos rangs, les obus prussiens, et le séjour empesté des ambulances devenait à chaque instant plus funeste aux malades et aux blessés.

Tout était fini, nous le sentions bien. Avec nos santés chancelantes et délabrées, nous ne pouvions espérer soutenir longtemps les fatigues et les privations d'un siége.

L'habitude du malheur nous avait tellement fait perdre tout espoir d'un sort meilleur, que nous refusâmes de croire à la conclusion de l'armistice, lorsqu'on nous l'annonça.

Petit à petit, cependant, cette heureuse nouvelle se confirma officiellement, et la joie remplit tous les cœurs. Cet armistice était pour nous la main secourable qui arrête le voyageur au moment où il va se laisser choir dans le précipice.

Jusqu'à la capitulation de Belfort (c'est-à-dire tant que la suspension d'armes ne s'étendit pas jusqu'à nous), notre bonne fortune voulut que nous ne fussions pas attaqués, et ainsi se trouva heureusement franchie cette critique période.

Le 21 mars, notre régiment était licencié, et, quel-

ques jours plus tard, nous quittions Besançon pour rentrer dans nos foyers.

Ce que je viens de raconter est presque aujourd'hui de l'histoire ancienne ; néanmoins, quelque tardif et quelque écourté que soit ce récit, je considère comme un devoir de le livrer à la publicité.

Les tristes faits dont la narration précède constituent un témoignage établissant assez éloquemment quelle a été l'attitude tenue par ceux qui, jusqu'à la fin, ont fait à la patrie envahie un rempart de leurs poitrines ; et il est temps de rendre aux martyrs véritables ce qui appartient à ceux qui ont vraiment souffert.

FIN

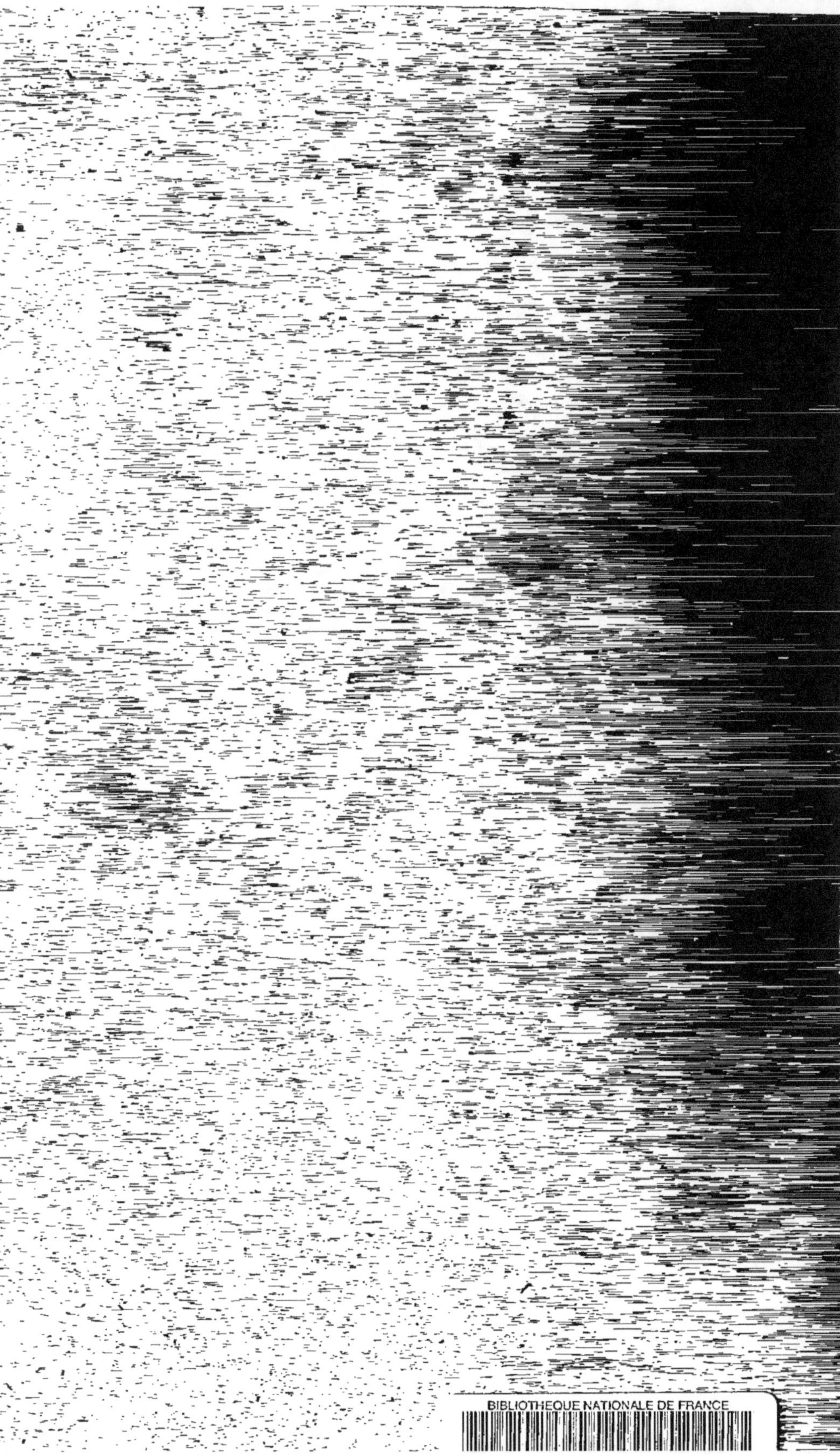

Lyon. — Impr. P. Mougin-Rusand, rue Stella, 3.